Vivir ~~con~~ sin estrés

Fernando Ortiz Lachica

EDITORIAL
PAX MÉXICO

El libro muere cuando lo fotocopian

Amigo lector:

La obra que usted tiene en sus manos es muy valiosa, pues el autor vertió en ella conocimientos, experiencia y años de trabajo. El editor ha procurado dar una presentación digna a su contenido y pone su empeño y recursos para difundirla ampliamente, por medio de su red de comercialización.

Cuando usted fotocopia este libro, o adquiere una copia "pirata", el autor y el editor dejan de percibir lo que les permite recuperar la inversión que han realizado, y ello fomenta el desaliento de la creación de nuevas obras.

La reproducción no autorizada de obras protegidas por el derecho de autor, además de ser un delito, daña la creatividad y limita la difusión de la cultura.

Si usted necesita un ejemplar del libro y no le es posible conseguirlo, le rogamos hacérnoslo saber. No dude en comunicarse con nosotros.

Editorial Pax México

Coordinación editorial: Matilde Schoenfeld
Cuidado de edición: Sagrario Nava
Portada: Miguel Venegas

Av. Cuauhtémoc 1430
Col. Santa Cruz Atoyac
México DF 03310
Teléfono: 5605 7677
Fax: 5605 7600
editorialpax@editorialpax.com
www.editorialpax.com

Primera edición
ISBN 978-968-860-858-6

Impreso en México / *Printed in Mexico*

Para Mónica

Índice

Agradecimientos vii
Introducción xi

Capítulo 1. ¿Qué es el estrés? 1
El "descubrimiento" del estrés 1
El estrés positivo 6
Nuestra actitud y el estrés negativo 8
Novedad, rutina y estrés negativo 9
El estrés traumático 11
El estrés crónico 17

Capítulo 2. Las causas del estrés 23
Los "estresores" 23
El estrés situacional 32
Las causas del estrés crónico 35
Las heridas del desarrollo 41

Capítulo 3. Personalidades estresadas 47
Variaciones sobre el tema del estrés 47
Características de las personas estresadas 49
Vigor y resiliencia 55

Capítulo 4. Peleando contra nosotros mismos 65
El soldado que nunca se rindió 65
El cochero y los caballos 70
Las emociones prohibidas 72

Características de las emociones 82
Subpersonalidades 88
Más allá del conflicto 92

CAPÍTULO 5. Antídotos 99
Actitudes positivas 101
Cambiando las creencias 104
Algunas creencias y hábitos limitantes 106
La adicción a tener la razón 106
La necesidad de complacer a los demás en todo momento, de no causar problemas o de ser siempre buen niño(a) 108
La creencia de que hay emociones malas 109
La idea de que alguien hará lo que queremos o necesitamos si nos esforzamos lo suficiente (o la tragedia de pedir jugo de naranja en la tlapalería 110
El perfeccionismo o la creencia de que el mínimo error sería fatal 111
Hacer algo diferente 112
El ejercicio 115
La respiración 117
El descanso y soltar el control 119
La meditación 121
Realizar nuestras actividades de otra manera 125
Educación somática 126
La psicoterapia 127
Las relaciones nutritivas 130
Las relaciones sexuales plenas 133
Conclusiones: el estrés en nuestras vidas 134

Agradecimientos

Un libro se empieza a gestar mucho antes de escribir la primera línea. En el caso de éste fue el doctor Héctor Kuri, mi maestro y terapeuta, quien por primera vez me habló de la posibilidad de aplicar las técnicas de la psicoterapia corporal al manejo de estrés. Al paso de los años he tomado talleres con diversos psicoterapeutas y he aprendido técnicas que sigo utilizando en mis propios talleres, tanto para reducir la tensión y la angustia como para aumentar la sensación de placer y bienestar. Entre ellos están Salvador Moreno (Focusing), Cathy Guadagno (Trager), Gerard Guasch (Técnicas reichianas) y José Luis Paoli (Análisis psicocorporal).

Conocer y aplicar diferentes técnicas y reunir grupos de personas dispuestas a tomar un seminario de manejo de estrés son dos habilidades muy distintas. El ingeniero Tony Ibarra, en ese entonces socio director de Ward Howell, Ibarra, Molina y Asociados, junto con su esposa Peggy promovieron y coordinaron algunos de los primeros cursos de manejo de estrés que dirigí entre 1989 y 2001.

Este libro debe mucho a Luciano Rispoli y Ron Kurtz. La perspectiva funcional de Rispoli me permitió abordar diversos temas y problemas psicológicos desde un punto de vista que no había considerado y que sigue resultando muy valioso. Las técnicas que él y sus discípulos desarrollaron me han ayudado a propiciar la relajación y el bienestar de muchos participantes en mis talleres de manejo de estrés. Gracias a la teoría de la psicoterapia funcional he podido entender la importancia de las alteraciones funcionales que intervienen en el círculo vicioso del estrés crónico y de la reconstrucción de experiencias básicas, como soltar y estar, para restablecer la armonía del cuerpo y la mente. Pero más allá de lo que aprendí de sus libros, pláticas y talleres, encontré a un mentor y amigo entrañable.

El método Hakomi, creado por Ron Kurtz, no sólo le ha dado un nuevo sentido a mi trabajo como maestro, psicoterapeuta y consultor en manejo de estrés, sino que ha contribuido a mi crecimiento y bienestar más que ningún otro que haya conocido. Los principios y técnicas del método, tal como Ron y Donna Martin los han desarrollado en los talleres de "Presencia amorosa" y "Acallar la mente", me han ayudado y me han permitido ayudar a los otros de una manera sencilla y a la vez profunda, evitando el dolor innecesario. Después de casi 40 años de estudiar psicología no he encontrado mejor camino para aliviar el sufrimiento que el estudio de uno mismo apoyado en la conciencia plena y aprender a nutrirme de las personas con las que trabajo.

Mis amigos y colegas que han estudiado Hakomi sabrán reconocer la influencia de Ron en muchas de las obras consultadas para la elaboración de este libro y, sobre todo, en los principios del método visibles en todo momento.

Pero una cosa es estudiar diferentes métodos de psicoterapia con grandes maestros y aplicar sus enseñanzas en la consultoría de manejo de estrés y la psicoterapia, y otra muy distinta escribir un libro. Agradezco profundamente al periodista Jorge Fernández Menéndez haberme invitado a escribir un texto en 1989, cuando dirigía el suplemento "página uno" del diario *unomásuno*. A partir de entonces, tanto Jorge como otros editores, entre los que mencionaré a Patricia Cardona (*unomásuno*), Lazlo Moussong (*Plural*), Ana Teresita Marín y América Juárez (*Reforma*) así como Jairo Calixto Albarrán, Ariel González y Verónica Maza (*Milenio Diario*), me han dado la oportunidad de publicar mis textos en sus revistas y periódicos. Fue el propio Jorge, cuando colaboré con él en el noticiero CNI *Noticias de la mañana* en el año 2003, quien me sugirió escribir un libro al alcance de todo público.

En el ámbito de las publicaciones especializadas debo mencionar al doctor Luis Oblitas, que me invitó a participar como editor invitado de un número monográfico de terapia psicocorporal en la R*evista Intercontinental de Psicología y Educación* y a escribir dos artículos para el mismo.

La doctora María Teresa Lartigue me animó a llevar ese gusto por escribir a la tarea de terminar mi tesis de maestría, la cual más tarde se convirtió en mi primer libro: *La relación cuerpo-mente. Pasado, presente y futuro de la terapia psicocorporal* (publicado por Editorial Pax México).

Cuando uno escribe un libro comete todo tipo de errores que a la larga deja de ver o corrige en la mente y no en el texto. La cuidadosa revisión de José Luis Alonso me ayudó a suprimir repeticiones inútiles y a dar claridad a algunas oraciones.

Finalmente, quiero agradecer a mi mujer, Mónica Valderrábano, por haberme acompañado en el proceso de escribir este libro. Leyó una y otra vez diferentes versiones del texto, ayudó a que fuera legible y pudo comprender que en muchas ocasiones no le hiciera caso por hallarme frente a la computadora escribiendo. Pero más allá de eso, me enseñó que el amor es el mejor antídoto contra el estrés.

Introducción

Variaciones sobre el tema del estrés

Por primera vez en muchos años, Lolita fue de vacaciones a la playa con su marido. Sus hijos les regalaron el viaje por cumplir 35 años de casados. Fue difícil convencerla de irse: le preocupaba dejar la casa sola, la angustiaba que le pudiera pasar algo a sus hijos –todos mayores de edad– y se sentía culpable por no apoyar a Susi, la menor de sus hijas, con su bebé de siete meses. Además, se quejaba del costo del boleto de avión y de las habitaciones del hotel. Por un lado le parecía que sus hijos habían gastado demasiado en ellos y por otro juzgaba que los servicios eran de baja calidad. Ya en la playa, no dejó de pensar en los pequeños pendientes. ¿Y si llegó el recibo de la luz o el teléfono y nadie lo pagó? ¿Qué tal si se metieron en la casa a robar? ¿Estarán bien los hijitos de mis hijos? Lolita fue a la playa con exceso de equipaje: llevaba todos sus problemas y ocupaciones en la maleta.

Ramiro es directivo de una importante empresa transnacional. Tiene ingresos elevados y gran responsabilidad. No viaja sin su laptop y dos celulares. Constantemente monitorea los indicadores económicos y se comunica varias veces al día con sus subordinados, por teléfono y por correo electrónico. Hace años, cuando la cobertura de los teléfonos móviles era menor, se negó a ir de paseo al rancho de un amigo porque la idea de estar incomunicado tres días le parecía insoportable.

Cuando Eloísa despierta en la mañana, siente angustia. Las tareas del día invaden su mente y le roban los últimos minutos de reposo en la cama. Piensa en llevar a su hijita a la guardería e imagina el tránsito y la dificultad de estacionarse o el peligro de dejar el auto en doble fila. Recuerda que tiene que ir al banco y le vienen a la mente los asaltos. Planea lo que va a cocinar y se siente agobiada por la loza que tendrá que lavar y el guisado que tal vez no le quede bien. Y todo eso antes de levantarse.

Lolita, Ramiro y Eloísa tienen buenas razones para preocuparse. En efecto, el guisado puede quedar salado, el nieto se puede enfermar y el precio de las acciones puede caer. Pero la verdad es que si ellos no tuvieran esas preocupaciones, encontrarían otros motivos para angustiarse. Padecen estrés crónico. Antes que pensar en los asaltos, la fila en el banco, el tránsito o el catarro que podría darle al nieto, harían bien en cambiar sus hábitos de pensamiento, postura y respiración. Entonces podrían afrontar de mejor manera los pequeños y grandes retos de la vida y no sólo disfrutar las oportunidades de descanso y realización sino aprender a crearlas. Las historias relatadas a continuación demuestran de modo dramático que la variable más importante en el manejo de estrés es la propia actitud.

Dos formas de afrontar una catástrofe

El 19 de septiembre de 1985, a las 7:17 a.m., un terremoto sacudió la Ciudad de México. Se estima que murieron unas 8 000 personas. Muchas quedaron atrapadas entre los escombros de los edificios derrumbados. Las historias de los sobrevivientes y de sus familias muestran diferentes formas de afrontar el estrés en su forma más severa.

En la colonia Juárez, dos hermanas, a quienes llamaré Gaby y Josefina, estaban desayunando, a punto de ir a clases, cuando sintieron la primera sacudida. Al advertir que los movimientos eran cada vez más fuertes se pararon en el quicio de la puerta de la cocina y se abrazaron. Así pudieron ver, por la ventana, cómo se desplomaba el edificio de enfrente. Poco después, su propia casa se vino abajo dejándolas sepultadas. Josefina pensó que se había acabado el mundo y muchas veces, durante el tiempo que pasó enterrada bajo los escombros, le pidió a Dios morir para acabar con su sufrimiento. Unas 16 horas después, ella y su hermana fueron rescatadas con múltiples fracturas, pero vivas.

Al mismo tiempo, en la colonia Roma, Javier se bañaba mientras su mamá le preparaba el desayuno. Cuando su edificio se derrumbó, Javier y su madre quedaron separados por unos metros cúbicos de escombros. Como podían oírse, durante las 12 horas que duró su martirio rezaron, cantaron y hablaron de muchas cosas. Javier pensó que podía morir y, en sus propias palabras, "se puso en paz con Dios". La mayor parte del tiempo, sin embargo, pensaba que sus hermanos vendrían a rescatarlo. Estaba seguro de que su edificio era el único que se había caído, e imaginaba que al día siguiente lo iba a entrevistar Guillermo Ochoa, que por entonces era conductor de un noticiero matutino. Le preocupaba no tener que ponerse para su aparición en la tele, porque toda su ropa estaba inservible y la de sus hermanos no le quedaba. Después de ocho horas oyó los gritos de sus hermanos que, unos metros más arriba, removían las ruinas del edificio en que habían pasado buena parte de su vida. Tal como imaginó, sus hermanos lo rescataron.

El estrés se puede definir como el conjunto de cambios en la mente y el cuerpo de una persona que permiten su adaptación a las presiones del ambiente. Para aprender más acerca del estrés y cómo manejarlo debemos conocer las presiones que vienen de fuera y qué podemos hacer para evitarlas o atenuarlas, así como, sobre todo, estudiar nuestras propias reacciones y respuestas ante ellas. La presión a que estuvieron sujetas las personas que quedaron atrapadas bajo los escombros en los sismos es una de las más intensas que se conocen. Apenas podemos imaginar el miedo, el dolor y la impotencia que sintieron; sin embargo, la actitud con que dos de ellas afrontaron este hecho terrible fue muy diferente: una pensó que el mundo se había acabado y la otra que su edificio era el único que se había derrumbado. Una rezó pidiendo que la muerte terminara con su sufrimiento y la otra imaginó que sería entrevistada en la televisión. Así de variadas son las respuestas ante las situaciones que producen estrés, ya sean de tipo catastrófico, como un terremoto, o cotidiano, como un semáforo descompuesto.

Detente por un momento y observa qué pasa dentro de ti después de leer estas historias. ¿Te has sentido atrapada? No tiene que tratarse de una situación catastrófica como el terremoto. Podemos sentirnos atrapados en un congestionamiento de tránsito, en una reunión familiar o en una junta de trabajo. Si has estado en una situación molesta o hasta traumática de la que en ese momento no podías escapar, ¿pensaste que se acababa el mundo? ¿Tus pensamientos hicieron que te sintieras todavía peor? ¿O tal vez imaginaste qué ibas a hacer al día siguiente? ¿Pensaste o hiciste cosas que aliviaran tu molestia y tu dolor?

Unas semanas después Javier y doña Luz, su madre, daban gracias a Dios por estar platicando su experiencia, aunque la señora tenía fracturada una mano. Recordaban con lágrimas en los ojos a los vecinos muertos. Con una mezcla de tristeza y buen humor, la señora me contó cómo regañaba a "Pirata", su perro, por subirse a la sala nueva: "A ver, dígame, para qué tanto cuidado con los muebles, para qué gritarle al animalito que se bajara del sillón, si ahora ya está muerto".

A la hora del terremoto yo estaba corriendo en los viveros de Coyoacán. Alguno de mis amigos notó que los eucaliptos se mecían amenazantes. Seguimos corriendo. Acostumbrados a los sismos en la ciudad de México, la mayoría de nosotros siguió con su programa de ejercicio. En ese momento sólo me preocupaba la posibilidad de que en algún pueblo perdido de los estados de Guerrero, Oaxaca o Michoacán hubiera pérdidas que lamentar. Como hacemos todos, llamé a mis familiares. Estaban asustados, pero bien. Fue hasta que regresé a casa y prendí el televisor que comprendí la magnitud del desastre. Estuve horas frente a la pantalla, atontado. Para la mayoría de los habitantes de la ciudad de México los sismos fueron traumáticos. Aunque ni yo ni mis seres queridos sufrimos daños en nuestras personas o propiedades, por algún tiempo sentimos sobresalto cuando, por ejemplo, un camión pesado pasaba cerca de nuestra casa y sentíamos que los muebles vibraban. Volteábamos nerviosos a ver si se movían las lámparas y nos asustaba la menor cuarteadura en un muro o el pavimento. Otras personas sufrían insomnio, ataques de pánico, pesadillas o depresión.

Antes del 19 de septiembre de 1985 la mayoría de los habitantes de la ciudad de México vivíamos seguros de que nuestras casas y lugares de trabajo estaban muy bien construidos. El sismo del día siguiente, aunque de menor intensidad, provocó reacciones de miedo y aun pánico entre nosotros, porque ya *sabíamos* lo que podía pasar. En muchos capitalinos, aunque hayan pasado más de 20 años desde aquella catástrofe, los movimientos telúricos leves provocan diferentes reacciones de estrés postraumático. La naturaleza nos recuerda nuestra fragilidad.

En el capítulo 1 trataremos el estrés postraumático con mayor amplitud. Por ahora basta decir que cuando un evento es percibido como amenaza a su vida o integridad, el organismo reacciona preparándose para luchar o huir. El sistema nervioso autónomo presenta hiperactividad llenándonos de energía para escapar o pelear por nuestra vida. Es importante subrayar que la percepción de un hecho amenazante varía de una persona a otra de acuerdo con muchas circunstancias; por ejemplo, la edad. Así, para un niño pequeño estar solo en un cuarto oscuro y escuchar un ruido fuerte puede ser vivido como algo traumático, mientras que para un adulto esto sólo puede representar una ligera molestia.

También hay que señalar que si la amenaza es muy fuerte y resulta imposible pelear o escapar, puede haber colapso o parálisis. Esto les puede pasar tanto a los niños como a las víctimas de secuestros, campos de concentración o tortura, que no tienen la capacidad de enfrentarse a una situación amenazante o huir de ella.

En las horas y los días que siguieron a los sismos de 1985 pudieron observarse en los habitantes del Distrito Federal las tres posibles respuestas ante el trauma. Muchas personas se mudaron a provincia o a zonas de menos riesgo en la periferia de la ciudad. Huían del peligro de un futuro sismo.

El equivalente social y organizado de una respuesta de lucha se dio cuando la sociedad civil se organizó para buscar y rescatar a los posibles sobrevivientes entre las ruinas de los edificios caídos. Otros, como yo en las primeras horas del 19 de septiembre, nos quedamos paralizados, viendo por televisión como otros rescataban o eran rescatados.

Compartimos las respuestas de pelea, huida o parálisis con todos los vertebrados, pero como seres humanos tenemos la posibilidad de pensar, hablar y organizarnos. En los días que siguieron al sismo hubo colectas de víveres, medicamentos y ropa. Todos contábamos historias de sobrevivientes y de víctimas, historias de miedo, de valor y de heroísmo. Dos de mis amigos conocían personas que habían quedado sepultadas bajo lo que quedó de sus casas, que habían perdido todas sus posesiones y que tenían problemas emocionales. Fue así como conocí a Gaby, Josefina, Javier y doña Luz.

En ese tiempo no sabía gran cosa de estrés postraumático, pero tenía algunos años de experiencia como psicoterapeuta y traté de ayudarlos lo mejor que pude. La idea entonces vigente era que a las personas les hacía bien contar su experiencia y así, poco a poco, irían descargando las emociones producidas por el evento traumático y "liberando" la energía.

Me reuní con doña Luz, Javier y algunos de sus hermanos una sola vez, en casa de uno de ellos. Siendo una familia unida, todos se sentían afectados por la tragedia, pero al mismo tiempo el trauma del sismo parecía más fácil de sobrellevar entre todos. Javier y su mamá se sentían nerviosos y con dificultades de sueño, pero estaban seguros de poder salir adelante. A Gaby y Josefina las visité varias veces, en la casa del familiar que les había dado asilo.

He contado su historia muchas veces y todavía me conmueve. La he utilizado como ejemplo al hablar de estrés postraumático y de cómo las actitudes básicas que las personas sostienen ante la vida influyen en los momentos más difíciles, haciéndolos más terribles o volviéndolos más soportables con la esperanza y el humor.

Desde hace 15 años he dado cursos de manejo de estrés en empresas e institutos de enseñanza superior. Han acudido a ellos directivos de compañías transnacionales, profesionistas, amas de casa, estudiantes, todos con el deseo de superar o manejar mejor su tensión. Hasta ahora, ninguno de los asistentes ha hablado de haber experimentado una situación tan terrible como la que padecieron las personas que quedaron sepultadas bajo los escombros de sus casas en 1985. Pero cada uno había estado muchas veces en situaciones difíciles, en donde se veía a sí mismo como atrapado. A veces sentían estrés y angustia debido a grandes y dolorosos cambios, como la muerte o la enfermedad de un ser querido o un divorcio. Otras, en cambio, parecían tener un estilo de vida que cultivaba la tensión: trabajos de gran responsabilidad, mucha exigencia con ellos mismos, poca capacidad de soltar, relajarse, descansar.

Con frecuencia las personas procuran atribuir a otros su tensión. Ellos serían calmados, relajados y hasta felices, de no ser porque los demás (cónyuges, padres, hijos, hermanos, socios, jefes, empleados) les provocan tensión y mal humor. Otras personas achacan su estrés a la situación. Y en efecto, vivimos tiempos difíciles. Hace poco la maquinaria de guerra más poderosa que ha conocido el mundo terminó con el régimen de Sadam Hussein en Irak. Todos hemos visto escenas de civiles muertos o mutilados, rostros de niños aterrados. Según la revista *Time*, murieron más de 10 000 soldados iraquíes. Las "bombas inteligentes" y la "liberación" del pueblo de Irak causaron la muerte de cerca de 2 000 civiles. En nuestro país más de la mitad de la población vive en la pobreza. Los gobiernos cambian, pero la ciudad de México sigue insegura y contaminada. Los capitalinos invertimos cada vez más tiempo en trasladarnos de un lugar a otro. Se pierden empleos y muchos de los que se ofrecen están mal pagados. La lista de problemas podría ocupar páginas enteras. En el planeta, en nuestro país, nuestra ciudad y nuestra casa no faltan razones para estar estresados; sin embargo hay personas que parecen pasarla mejor que otras.

El dilema de Aquiles

No podemos evitar las situaciones estresantes en nuestra vida. A cualquiera le afecta un desastre natural, la pérdida de un ser querido, las dificultades maritales, los problemas en el trabajo o no tener suficiente dinero. También nos produce estrés el tráfico, el ruido excesivo o las largas filas en los bancos y las oficinas de gobierno. Trabajar en un lugar ruidoso, sucio y reducido provoca tensión. Aun los acontecimientos anhelados, como una boda, el nacimiento de un hijo o una promoción en el trabajo producen estrés. La Navidad y el Día de las Madres son, para muchos, días de gran tensión emocional. Por eso todos experimentamos al menos un poco de estrés todo el tiempo, y con mayor razón si elegimos una existencia que implique riesgo, crecimiento y responsabilidad. No se puede vivir sin estrés, pero sí es posible aprender a manejarlo mejor.

Cuenta la leyenda que la diosa de la fortuna se le apareció al joven Aquiles y le dio a escoger entre una vida breve pero intensa, en la que recibiría honores, conocería el sufrimiento y alcanzaría la gloria, y una vida larga, pacífica y sin acontecimientos extraordinarios. Todos sabemos que Aquiles eligió ir a Troya, donde murió aún joven. En la vida de la mayoría de nosotros seguramente será difícil encontrar un momento en que la diosa de la fortuna nos plantee opciones tan claras. Además, nos cuesta trabajo creer que Aquiles se hubiera ahorrado problemas y sinsabores de no haber ido a Troya. No es posible vivir sin estrés, pero si uno se conoce más a sí mismo, puede escoger, en alguna medida, el tipo de retos a los que quiere enfrentarse. Al final Aquiles habría muerto en Troya o en su casa, como cualquier mortal, héroe o no. Eligió una vida intensa, con gran desgaste y una muerte temprana. Pero la vida produce desgaste de todas formas. Vivir es la principal causa de estrés. La única forma de no tenerlo es estar muerto. Viéndolo bien, el dilema de Aquiles se nos presenta a todos, todo el tiempo.

Entrenamiento de la mente y manejo del estrés

Las contrastantes historias de quienes fueron rescatados de los escombros en el terremoto de 1985 son un botón de muestra acerca de las diferentes formas de afrontar el estrés. La situación de esas personas atrapadas era muy parecida, pero lo que pasaba en la mente de cada una de ellas era diferente. Lo mismo sucede con los problemas cotidianos: siempre hay diferentes opciones para hacerles frente. No se trata de eliminar las situaciones que producen estrés, sino de relacionarse con ellas de un modo más eficiente y sano.

Para conocer el estrés y sus efectos he recurrido a muy diversas teorías psicológicas. Es muy posible que un análisis riguroso pudiera demostrar que las teorías utilizadas son incompatibles entre sí, que tienen fundamentos diferentes y proponen la utilización de distintos procedimientos. Analizar las teorías en detalle va más allá del propósito del presente trabajo. No se trata aquí de evaluar cuál teoría es mejor o cuál está apoyada en investigaciones más sólidas, sino de proponer diferentes opciones para que quien lea este libro pueda encontrar la forma de explicarse lo que le pasa. "Según el método experiencial –dice Eugene Gendlin–, las teorías no son verdaderas ni falsas. No son verdaderas porque el tipo de entidades que establecen en realidad no existen en la experiencia humana concreta. Pero tampoco son en sí mismas falsas porque en ocasiones permiten que las personas identifiquen experiencias que de otra manera pasarían desapercibidas."[1] En otras palabras, si una teoría o un concepto nos resulta útil para identificar y aclarar lo que nos pasa, vale la pena conocerla. Este libro pretende que sus lectores conozcan el estrés, sus causas y consecuencias, así como diferentes teorías que explican el funcionamiento del cuerpo y la mente bajo tensión y, al hacerlo, que se conozcan mejor a sí mismos.

Conocernos a nosotros mismos es una tarea que va mucho más allá de aprender teorías psicológicas. Es mucho más provechoso ser conscientes de nosotros mismos en el aquí y ahora, sin criticarnos ni juzgarnos. Cada uno de los ejercicios que se proponen son una oportunidad para estudiarnos a nosotros mismos. Pero no se trata de estudiarnos como alguna vez estudiamos matemáticas o geografía. No hay pruebas ni calificaciones. No hay cosas que debamos aprender de memoria. Se trata en cambio de estudiar nuestras propias actividades mentales, de observar lo que está sucediendo en nuestro interior, en el instante en que sucede.

Para lograrlo es necesario cultivar una actitud, o con mayor precisión, un estado mental conocido como conciencia plena, atención plena o atención pura.[2] Se trata de un estado de conciencia que ha sido descrito en varias escuelas de meditación. Para muchas personas, la palabra meditación se asocia a las culturas orientales. Piensan que para meditar hay que raparse la cabeza, dejar de comer carne, abandonar la religión de sus padres y, tal vez, viajar a la India o a Nepal para aislarse del mundo en un monasterio. Tal vez esté exagerando, pero son muchos a quienes la meditación les parece algo extraño, ajeno a sus vidas, tal vez provechoso pero muy difícil o muy tedioso.

Yo mismo intenté meditar hace muchos años. Para hacerlo, debía levantarme antes del amanecer y sentarme sobre un pequeño cojín con las piernas cruzadas y la espalda recta, viendo hacia una pared y contando mis respiraciones.

Esta práctica me ayudó en momentos difíciles, pero la postura era muy incómoda para mí y el dolor en la espalda me distraía demasiado. También me resultaba muy complicado organizar mi vida con el fin de practicar, para no hablar de la extrañeza que me causaba tener que postrarme ante un altar con veladoras y una estatuilla dorada del Buda y cantar en un idioma extraño. Me recordaba el tiempo en que me aburría en misa oyendo un cura oficiando en latín.

Conocí otra forma de meditar durante mi formación en el método Hakomi.[3] Se trata de una escuela de psicoterapia experiencial, centrada en el cuerpo, en la que se fomenta el estudio de uno mismo en el estado de conciencia plena. En muchas prácticas espirituales se requiere que las personas mediten durante horas y, en el caso de que su dedicación sea mayor, durante semanas o meses. El método Hakomi y otras escuelas de psicoterapia en ocasiones se conforman con medio minuto.[4]

Según Ron Kurtz,[5] reconocido psicoterapeuta norteamericano, la atención pura es un estado de conciencia basado en la experiencia presente. Es "voluntariamente pasiva", lo cual quiere decir que deliberadamente decidimos observar la experiencia presente sin interferir. Una parte nuestra permanece como testigo y simplemente observa, sin criticar, juzgar o explicar lo que pasa.

Ciertos estados de conciencia, entre los que se encuentra la atención pura, tienen el efecto de relajarnos. Desde hace décadas la investigación con meditadores, tanto expertos como principiantes, ha demostrado los beneficios de las diferentes técnicas de meditación.[6] Éste no es un libro que pretenda enseñar a los lectores a meditar. Muchos expertos, con años de experiencia o estudios, han redactado infinidad de obras al respecto.[7] Se trata, en cambio, de proponer ejercicios que contribuyan a conocer y manejar el propio estrés y nuestro modo de afrontarlo, y con ello, a que el lector aprenda un poco más de sí mismo.

En un principio la práctica de sólo observar lo que pasa por la mente puede resultar difícil. La práctica que propongo a continuación puede ser útil para empezar.

Toma un papel. Por unos minutos (entre cinco y siete) escribirás todo lo que venga a tu mente. No se trata de hacer una composición. No importa la redacción, la ortografía o hacer buena letra. Nadie va a leer lo que escribas más que tú. Sólo escribe lo que venga a tu mente, como venga, sin orden. Puede ser que tengas recuerdos o pensamientos, que llame tu atención algún estímulo externo o las sensaciones que vienen del cuerpo. Cualquier cosa que aparezca en tu conciencia está bien. Si en un momento dado piensas algo como "este ejercicio es una estupidez" o "no tengo nada que escribir", escribe eso también. Antes de empezar, puedes poner en tu reloj una alarma que suene a los seis minutos, pero si eso no es posible y te descubres pensando algo como "falta mucho", escribe eso también.

¡Empieza ahora!

¿Cómo te sentiste al hacerlo? ¿Te relajó? Para muchas personas, el solo hecho de dejar que la atención flote y siga lo que sea que venga a la mente es relajante. Con frecuencia nos obligamos a pensar en determinados asuntos mientras que hay otros que reclaman nuestra atención. Esto provoca que nuestra mente parezca una jaula llena de monos que tratamos de controlar en vano. Observar cómo saltan en lugar de tratar de controlar-

los puede ser un descanso. Imagina que tu mente es como una clase donde diferentes alumnos tratan de hablar. Tú tienes favoritos, a los que te gusta escuchar, pero si no le das la palabra a cada uno de ellos, lo más probable es que interrumpa a los demás. Con este ejercicio podrás oír todas las voces de tu mente.

Es posible que no te guste lo que vino a tu mente. En ese caso, la práctica puede haber resultado molesta o hasta angustiosa. Tarde o temprano aparecen voces que no queremos escuchar, recuerdos que preferiríamos olvidar o pensamientos angustiosos. No se trata de que se queden con nosotros para siempre, sino de escuchar lo que tienen que decir. En otras palabras, si durante el ejercicio pensaste en algo desagradable, es posible que se trate de un asunto inconcluso, que seguirá llamando tu atención hasta que te ocupes de él.

Lo que escribiste es como una fotografía de tu mente. Es muy posible que aparezcan ahí tus necesidades, desde las básicas hasta las existenciales. Por ejemplo, en caso de que tengas hambre es muy posible que en tu mente surjan pensamientos relacionados con la comida o seas consciente de las sensaciones corporales asociadas a la falta de alimento. Si tienes algún asunto pendiente, como llamar a alguien o hacer un trámite, automáticamente eso tenderá a aparecer en tu conciencia. Lo mismo sucederá con los problemas más importantes.

En caso de que repitas el experimento dentro de algunas semanas o años, podrás ver qué tanto ha cambiado lo que ocupa tu mente. En la mayoría de los casos hay "grandes temas" que aparecen una y otra vez en nuestra conciencia.

Ninguna técnica sirve para todas las personas en todo momento. Espero en cambio que alguna de las que aquí se presenta contribuya a tu relajación, bienestar y conocimiento de ti mismo. Las diferentes prácticas relacionadas con los temas y ejemplos pueden ser útiles para reflexionar sobre nosotros y las tensiones a que nos ha sometido la vida y nuestra forma de afrontarlas. No van a provocar cambios mágicos. Pensemos en el trabajo que cuesta aprender un idioma o nadar. Uno no domina cualquier actividad de la noche a la mañana, pero los temas, ejemplos y prácticas pueden servir para abrir la puerta y darte cuenta de que existen otras formas de afrontar los retos y agravios que encontramos en la vida.

No se trata de manipularnos o presionarnos para cambiar. En otras palabras, no queremos estresarnos para combatir el estrés. El objetivo principal consiste en desarrollar un testigo dentro de nosotros mismos, un yo observador que no nos juzgue ni critique. ¡De seguro ya hemos tenido suficiente crítica en nuestra vida! Nuestro testigo interior debe ser compasivo y curioso. Compasivo en el sentido de que su intención es conocer las causas de nuestro sufrimiento innecesario para evitarlo hasta donde sea posible, y curioso porque debe estar preparado para observar la realidad interna sin prejuicios, siempre dispuesto al descubrimiento y al asombro.

En cada uno de los capítulos de este libro se ofrecen ejercicios de reflexión. Se trata de hacer una pausa para aplicar, a nuestra propia vida, los temas y ejemplos dados. En muchos casos, la pausa en sí es relajante, pero el objetivo no sólo es la relajación. A la larga, se trata de conocernos un poco más y de entrenar la mente. En el mundo existen muchas cosas que nos producen estrés y es posible que no podamos cambiarlas, pero sí podemos aprender a cultivar un estado mental adecuado para afrontarlas de la mejor manera posible, minimizando sus consecuencias negativas.

Plan del libro

En el capítulo 1 se describirá como Hans Selye, un médico austro-húngaro, "descubrió" el estrés poniendo atención a sus pacientes de un modo diferente al que le enseñaron sus maestros. Se verán las fases del estrés y se aprenderá a distinguir el estrés positivo del negativo. Se tratará también el estrés situacional, el crónico y el postraumático.

El capítulo 2 aborda las situaciones que generan estrés. El conocimiento de los eventos que producen estrés nos puede ayudar a afrontarlo en el momento en que se presenta y a darnos permiso de recuperarnos de sus efectos. Muchas personas creen que una serie de acontecimientos no debería afectarlas. La investigación ha demostrado que conocerlos mejor nos ayuda a afrontarlas en el momento en que se presentan y a asimilar sus efectos.

Si tuviéramos que elegir un solo factor que explicara cómo se crea y mantiene el estrés crónico, éste sería el conflicto interno. En la mayoría de nosotros hay dos o más partes que quieren cosas distintas. Ninguna de las partes está dispuesta a ceder, por lo que dentro de nosotros se libra una guerra que parece no tener fin. A menudo se trata de conflictos entre nuestras emociones e impulsos y ciertas creencias, aprendidas en los primeros años de nuestra vida, que nos hacen pensar que no debemos sentirlas. Estos temas se abordan en el capítulo 3.

Existen personas que por naturaleza prefieren adoptar estilos de vida estresantes; asimismo, los investigadores han detectado rasgos de personalidad que nos hacen más propensos a las consecuencias negativas del estrés, así como características que nos hacen más resistentes. Estos temas se tratarán en el capítulo 4.

Por último, en el capítulo 5 describo algunos antídotos contra el estrés.

Bibliografía

1. Eugene Gendlin, *El focusing en psicoterapia. Manual del método experiencial*, Paidós, Barcelona, 1999.
2. En inglés, *mindfulness*.
3. El método Hakomi es una escuela de psicoterapia creada en la década de 1980 en Estados Unidos por Ron Kurtz. Se puede encontrar información acerca del método en www.ronkurtz.com y en su libro *Body Centered Psychotherapy*. The Hakomi Method, Liferythm, Mendocino, California, 1990. Recomiendo también de Greg Johanson y Ron Kurtz, *La revelación de la gracia*, Cuatro Vientos, Chile, 1994.
4. Vea, por ejemplo, de Eugene Gendlin, *Focusing, proceso y técnica de enfoque corporal*, Ediciones Mensajero, Bilbao, 1988, o el Ciclo del Movimiento de Christine Caldwell en su libro *Habitar el cuerpo*, Ediciones Urano, Barcelona, 1999.
5. *Body Centered Psychotherapy. The Hakomi Method, op. cit.*, pp. 27 y 28.
6. En *Emociones destructivas*, editado por Daniel Goleman, se narra el encuentro entre el Dalai Lama y un grupo de científicos occidentales, varios de los cuales han estudiado a los meditadores con la tecnología más moderna disponible. Como siempre, Goleman tiene la virtud de tratar temas difíciles y hacerlos accesibles y amenos para el público general.
7. Recomiendo de Henepola Gunaratana Nayaka Thera, *El cultivo de la atención plena*, Bodhi, México, 2003. Se trata de un libro dirigido a todo público, escrito de manera clara y sencilla.

CAPÍTULO 1

¿Qué es el estrés?

> Nadie puede vivir sin experimentar algún grado de estrés todo el tiempo. El estrés no es necesariamente malo para ti; es la sal de la vida, porque cualquier emoción, cualquier actividad, causa estrés.
>
> *Hans Selye,* The Stress of Life

El "descubrimiento" del estrés

La palabra estrés se ha utilizado tanto para hablar de las presiones a que nos somete nuestro ambiente como de los efectos que esas presiones tienen en el organismo, es decir, el desgaste que todos resentimos ante los retos, agravios y carencias que enfrentamos en la vida.

Mucho de lo que sabemos del estrés se debe al doctor Hans Selye, que dedicó su vida a investigar el estrés, sus causas y sus efectos. Publicó 39 libros y más de 1 700 artículos especializados sobre el tema. Recibió 43 doctorados *Honoris Causa* y su trabajo le valió ser propuesto en 10 ocasiones para el Premio Nobel de Medicina.

Hans Hugo Bruno Selye nació en Viena en 1907, de padre húngaro y madre austríaca. En 1925, cuando estudiaba medicina en Praga, le llamó la atención que muchos pacientes, en las primeras etapas de diversas enfermedades infecciosas, presentaran una serie de signos no específicos, es decir, que estaban presentes en las fases iniciales de casi todas las enfermedades, como fiebre, pérdida del apetito, dolores musculares y pérdida del interés y de la concentración.[1] Muchos años después llamaría a este conjunto de signos "el síndrome de solamente estar enfermo", que atribuyó a los esfuerzos del cuerpo para responder al estrés de cualquier enfermedad. No obstante, sus maestros le restaron importancia a esa observación y lo exhortaron a seguir aprendiendo a reconocer y tratar enfermedades específicas.

En 1929 Selye se recibió de médico en la Universidad Alemana de Praga, donde trabajó hasta 1931, año en el que obtuvo su doctorado. Una beca de la fundación Rockefeller lo llevó a la Universidad John Hopkins y al año siguiente a la Universidad MacGill, en Montreal, Canadá, donde trabajó como asistente en el laboratorio de bioquímica. Trataba de descubrir una nueva hormona inyectando diversas sustancias a ratas de laboratorio cuando observó que si la preparación inyectada era impura, las ratas desarrollaban úlceras, se agrandaba la corteza de sus glándulas suprarrenales y se les atrofiaban las estructuras linfáticas del cuerpo. Esto lo llevó a pensar en un "síndrome de respuesta al daño", que después relacionó con su "síndrome de estar enfermo", al que más tarde llamó síndrome general de adaptación. (GAS, por las siglas en inglés de *General Adaptation Sindrome*). El "síndrome de sólo estar enfermo", el "síndrome de respuesta al daño" y el "síndrome general de adaptación" resultaron ser la misma cosa: esfuerzos del cuerpo para responder al estrés que provoca estar enfermo o bajo los efectos de cualquier presión excesiva. A su vez, el estrés juega un papel significativo en el desarrollo de todas las enfermedades.

Selye tomó el concepto de estrés de las ciencias físicas, en las que se utiliza para designar las distorsiones que sufre un cuerpo bajo presión. Aplicado a la fisiología se refiere a los mecanismos de adaptación con que un organismo afronta los retos que le impone un ambiente siempre cambiante. Con el tiempo la palabra estrés fue aceptada en muchas lenguas. Cuando Selye presentó un trabajo en Francia, al no haber una palabra francesa equivalente a *stress*, empleó el término *le stress*; en alemán, *der stress*, y en español, el estrés.

En 1945 Selye se convirtió en el primer director del Instituto de Medicina Experimental y cirugía de la Universidad de Montreal, puesto en el que permaneció hasta su retiro, en 1976. Poco después estableció el Instituto Internacional del Estrés. Murió en Montreal, en 1982, donde pasó 50 años estudiando las causas y consecuencias del estrés.

El estrés representa una respuesta del organismo a los retos que debe afrontar en la vida. Esta respuesta consta de tres fases diferenciadas. Cuando nos encontramos frente a una situación novedosa, potencialmente peligrosa o que juzgamos importante para nuestro bienestar, nos ponemos en una condición de atención o de vigilancia que puede llevar a la *alarma*. Si la causa que produjo tal alarma no desaparece, los cambios fisiológicos que se experimentan producen mayor *resistencia* en el organismo, que de esta manera puede afrontar aquello que lo perturba o escapar de la situación. En el caso de que la situación se prolongue viene una etapa de *agotamiento*.

La mayoría de las situaciones estresantes influyen en nosotros por un tiempo limitado, de modo que producen cambios asociados con esas primeras dos etapas del estrés: al principio nos alteran o hasta nos alarman, pero luego nos habituamos a ellas. Durante nuestra vida pasamos por ambas etapas muchas veces. De esta forma nos adaptamos y aprendemos a realizar las actividades necesarias en nuestra vida.

Cuando, por ejemplo, estamos aprendiendo a manejar un auto, nos alarma la cercanía de otros vehículos, acercarnos a un lugar con mucho tránsito o los bocinazos de los otros conductores. Estamos muy atentos a los movimientos de los otros coches, los cambios de velocidad y el movimiento de nuestros pies sobre los distintos pedales. Tener que realizar varias actividades nuevas a la vez nos pone excesivamente alertas, pero todo esto es normal, parte de la primera fase. Con la práctica, las actividades que antes resultaban nuevas y complicadas se vuelven automáticas y ya no nos tensan demasiado. Sólo en el caso de vernos obligados a manejar muchas horas seguidas o en condiciones difíciles llegaremos al agotamiento.

En la naturaleza, el estado de alarma hace que los animales pongan atención a cualquier cosa que pueda significar una amenaza o, en grados menores, que sea suficientemente interesante como para dedicarle toda su atención. Sin embargo, cuando la causa de su interés o alarma desaparece, los animales recobran su estado normal. En las grandes ciudades, cada vez hay más estímulos que atraen nuestra atención vigilante. Hemos desarrollado resistencia para vivir la agitada vida de las grandes urbes, de tal forma que cierta dosis de tensión se vuelve habitual, y por lo tanto no del todo consciente en nosotros. Aparentemente nos habituamos al ruido excesivo, los anuncios espectaculares, el tráfico, la música a todo volumen, las aglomeraciones y los televisores prendidos todo el tiempo, pero la verdad es que una parte de nosotros permanece siempre alerta. Sólo hasta que estamos en un lugar realmente tranquilo nos damos cuenta de que algo dentro de nosotros se soltó.

El agotamiento se vuelve crónico cuando no encontramos un lugar y un tiempo en el que podamos descansar y reponer nuestras fuerzas. En ocasiones basta una pequeña pausa para poder seguir con nuestra tarea. A veces necesitamos un descanso más prolongado o vacaciones. Prevenir el agotamiento no sólo implica hacer una pausa, sino dedicarse a otra actividad, de preferencia en un lugar distinto. Los refugios o santuarios en que podemos relajarnos y descansar pueden existir en nuestra mente, si meditamos o simplemente recordamos una situación placentera; en nuestra casa, si disponemos de un lugar en donde nos sentimos a gusto, o en cualquier lugar que nos haga sentir bien. Podemos acudir a ellos por unos momentos, si detenemos nuestra actividad y simplemente hacemos una respiración profunda, o por días o semanas en el caso de las vacaciones.

Detente un momento y recuerda la última vez que te sentiste realmente a gusto, sin tensiones ni preocupaciones. Imagina que ves un video de esa situación. Recuerda el lugar en que estabas. Trata de fijar en tu mente los objetos que tenías a tu alrededor y, si es posible, evoca los sonidos, colores y aromas que percibías entonces. Ahora ve hacia adentro y deja que tu cuerpo recuerde en que postura estabas, cómo era tu respiración y cómo te sentías en general por dentro. Si el recuerdo te relaja, quédate ahí unos minutos. Observa qué pasa en tu cuerpo mientras te abandonas a ese recuerdo.

Haz una lista de lugares que te resulten relajantes y visítalos en tu imaginación. Observa si se trata del recuerdo general de la situación o si aparecen detalles. De nuevo permite que tu cuerpo recuerde cómo se sentía en ese momento. Quédate en el lugar más apacible durante un rato y ve si eso produce algún cambio en ti.

El estrés positivo

Selye distinguió un estrés positivo, al que llamó *eustress*, y uno negativo, el *distress*. El primero no es otra cosa que la excitación que nos produce lo nuevo, el riesgo calculado, la aventura, el descubrimiento, el reto. Las situaciones novedosas o imprevistas producen una excitación que podemos considerar idéntica al estrés positivo. Cuando elegimos una vida que implica cambios y movimiento, si escogemos un trabajo que supone nuevos retos o decidimos buscar experiencias nuevas en nuestro tiempo libre, sentimos estrés positivo. El ejecutivo que acepta una nueva posición en una empresa, el ama de casa que se inscribe en un curso para aprender algo que no sabía o cualquiera que prefiere practicar un deporte en lugar de contentarse con ser siempre espectador, está buscando que su organismo se active y se desarrollen sus funciones.

Paul Ekman,[2] experto en emociones y autor de varios libros sobre el tema, ha identificado una emoción que buscamos cuando voluntariamente afrontamos situaciones que nos producen estrés positivo. A falta de una palabra adecuada en inglés (y podemos añadir que también en español) Ekman tomó del italiano la palabra *fiero*. Se parece al orgullo y la satisfacción pero es más específica. Se trata de la emoción placentera que experimentamos cuando hemos hecho nuestro mejor esfuerzo para lograr algo muy difícil y lo conseguimos.

El fiero no es lo mismo que el estrés positivo o la excitación. Después de resolver exitosamente una situación extraordinaria, se produce un estrés positivo que sentimos fiero. Los atletas muestran esta emoción cuando, por ejemplo, ganan un campeonato o una medalla, pero para sentir fiero no se necesita un público que aclame al vencedor, ni siquiera ser vencedor. Yo mismo experimenté fiero cuando crucé la meta en una maratón a pesar de que me habían antecedido miles de competidores. Para mí, que nunca destaqué en los deportes, correr poco más de 42 kilómetros, así fuera en cuatro horas y cuarto, fue un logro extraordinario en el que puse en juego toda mi capacidad.

El fiero no solamente despierta como consecuencia de hazañas deportivas. También lo podemos sentir al resolver un difícil problema intelectual o técnico. De nuevo, no es necesario que los otros sepan lo que hemos logrado. El artista que ve una obra terminada en su taller, el científico que resuelve un problema y el escritor frente a la última hoja de su original lo pueden sentir intensamente.

La capacidad de afrontar el estrés positivo y el deseo de sentir fiero, según Ekman, ha ayudado a motivar grandes esfuerzos y logros en la historia de la humanidad. En lo individual, el estrés positivo y el fiero resultante cuando tenemos éxito en nuestra empresa son los elementos que dan significado a nuestra vida. Los retos que nos producen estrés positivo originan comportamientos nuevos y creativos, que rebasan nuestros límites. Son el alimento con el que crecemos como personas. Por el contrario, si no tenemos retos que nos produzcan estrés positivo, nuestra vida se vuelve gris y plana y nuestras habilidades no se desarrollan. Las consecuencias pueden ir desde el aburrimiento hasta la falta de sentido y la depresión.

Por otra parte, la búsqueda constante de excitación y estrés positivo puede ser contraproducente. Las actividades intensas, que nos llenan de energía, también producen desgaste y cansancio si no se alternan con períodos de descanso. Jorge, por ejemplo, empezó a correr para bajar de peso. Creía que era bueno hacer algo de ejercicio, aunque fuera por obligación. Con el tiempo se entusiasmó tanto que se sometió a un programa de entrenamiento y al menos una vez al mes se inscribía en competencias. Decidido a mejorar sus tiempos, entrenaba dos veces al día, como si fuera un profesional del atletismo con 20 años menos y ninguna otra actividad. Su agotamiento llegó a ser permanente y cada vez dejaba de hacer más actividades porque *debía* entrenar. La distracción se convirtió en pesada obligación. Un día, mientras trataba de completar una sesión de entrenamiento de 50 kilómetros, sufrió una fractura por estrés.

Aun el estrés positivo debe modularse. Incluso el exceso de sucesos positivos hace necesario un período de tranquilidad para asimilar las nuevas experiencias. Las fases de alertamiento, resistencia y agotamiento también ocurren en el estrés positivo, de modo que la actividad, por más satisfactoria que sea, debe alternarse con el descanso.

Nuestra actitud y el estrés negativo

Dice Selye que las respuestas del organismo ante el estrés positivo (*eustress*) y el negativo (*distress*) son casi idénticas, pero el *eustress* causa mucho menos daño que el *distress*. Esto demuestra que la forma en que valoramos los eventos determina, en la mayoría de los casos, qué tanto nos podemos adaptar o sobreponer a las situaciones más adversas.

Imaginemos la obligación de cargar objetos pesados o hacerlo por gusto en el gimnasio para lucir un cuerpo atlético, o la diferencia entre tener que leer un libro para cumplir con un trabajo en la escuela y disfrutarlo. Pensemos por un momento en las personas que en su tiempo libre son felices con las manos engrasadas, arreglando el motor de su auto; las que por su gusto se levantan un domingo en la madrugada para caminar horas en el frío, o las que disfrutan cocinando mientras que otras verían cualquiera de estas actividades como una pesada carga. Es cierto que de todas maneras deben estar alertas, pero si las hacemos con gusto y sin sobrepasar nuestros límites terminaremos placenteramente cansados en lugar de hartos y agotados. Así pues, el primero y más común de los tipos de estrés negativo es aquel que sufrimos cuando hacemos algo por la fuerza, sin ganas, peleando con la actividad o el acontecimiento antes de que éste se presente. Por el contrario, en la medida en que podamos disfrutar al menos de algún aspecto de una actividad o evento, tendremos menos desgaste.

Novedad, rutina y estrés negativo

Nuestra capacidad de adaptación contribuye también a que algunas situaciones estresantes dejen de serlo. Nos podemos acostumbrar, por ejemplo, al frío, a la altitud o a cambios de horario, y podemos aprender a manejar un programa de computadora, adquirir una condición física que nos permita realizar actividades sin extenuarnos o adaptarnos a un nuevo trabajo. Recordemos cómo en un principio estos cambios o nuevas actividades nos costaban trabajo y nos tensaban, cómo todos nuestros sentidos estaban concentrados en superar ese nuevo reto (etapa de alerta) y cómo, con el tiempo, nos hicimos más capaces de manejarlos (fase de resistencia). Por último, si nos quedamos en el mismo lugar o realizando la misma actividad durante mucho tiempo, sentimos el agotamiento propio de la tercera fase del síndrome general de activación.

Hay que tener en cuenta que la misma actividad o evento pueden producir estrés positivo o negativo en diferentes etapas. Al empezar a realizar cualquier actividad, la novedad de la situación produce mayor vigilancia y alertamiento. En la medida en que percibimos que la situación puede traernos placer, aprendizaje o crecimiento y que somos capaces de afrontarla exitosamente, experimentaremos estrés positivo, mismo que puede disminuir o desaparecer si repetimos la actividad muchas veces. Por el contrario, si no nos sentimos capaces de afrontar la situación novedosa experimentaremos angustia.

Existen evidencias de que algunos nacemos con mayor tendencia a buscar sensaciones intensas y novedosas que otros. Esta tendencia innata puede aumentar o disminuir conforme al resultado de nuestras experiencias de exploración y aventura en los primeros años de vida. Esto ocasiona que haya personas que busquen lo novedoso, el estrés positivo y el fiero mucho más que otras. Lo importante sería que cada uno encontrara su propio equilibrio entre lo conocido y seguro y lo nuevo y excitante. No hay recetas para conseguirlo, excepto estar en contacto con nuestro cuerpo y nuestra mente para saber qué es lo que verdaderamente necesitamos en cada momento. Las técnicas descritas en el capítulo 5 pueden ayudar a conseguirlo.

El estrés traumático

En años recientes se ha desarrollado una amplia investigación acerca de dos tipos de estrés negativo: el trastorno por estrés postraumático y el estrés crónico. En ambos casos, partes del cuerpo y la mente continúan en la fase de alerta o de resistencia aunque la situación que produjo esas reacciones haya terminado mucho tiempo atrás. El organismo reacciona más ante estímulos pasados que ante la situación presente sin que intervenga la voluntad o la conciencia.

La forma más extrema de estrés negativo es el estrés traumático. Ocurre cuando nos enfrentamos a un evento que amenaza nuestra vida o integridad, como la guerra, los desastres naturales, violaciones, tortura, cirugía o accidentes graves. El estrés traumático origina una sobreactivación del sistema nerviosos autónomo, preparando al organismo para luchar, huir o congelarse. Es una reacción normal ante una situación extraordinaria, y que de hecho nos ayuda a sobrevivir en situaciones extremas.

El estrés postraumático se presenta cuando la sobreactivación persiste después del evento traumático. Si la persona sufre alteraciones que le impiden realizar sus actividades cotidianas un mes después del evento, se habla de trastorno de estrés postraumático.

Podemos comparar el efecto de un trauma severo con las consecuencias de una guerra. Aun cuando se firme la paz, mucho tiempo después de terminadas las hostilidades uno puede ver los restos de edificios bombardeados o corre el riesgo de pisar una mina. Los puentes, caminos y telecomunicaciones han sido destruidos a tal punto que diferentes partes del país permanecen incomunicadas. Por ejemplo, al finalizar la segunda guerra mundial algunos soldados japoneses se mantuvieron escondidos en las selvas de las islas del Pacífico, décadas después de que su ejército se había rendido, peleando una guerra de guerrillas contra un enemigo que sólo existía en su mente. Todos hemos visto cómo al concluir una guerra, la población civil sufre hambre y epidemias meses o años después de que "oficialmente" terminaron las hostilidades. Las actividades productivas tardan en restablecerse y la vida no vuelve a ser igual.

De la misma manera que una guerra o un desastre natural desarticulan una comunidad o hasta un país, un trauma severo puede desconectar al cuerpo de la mente o disociar diferentes funciones mentales.

Como apuntamos en la Introducción, cuando un evento es percibido como amenaza a su vida o integridad, el organismo reacciona preparándose para luchar o huir. Si la amenaza es muy fuerte y resulta imposible pelear o escapar, puede haber colapso o parálisis. Esto les pasa a las zarigüeyas o tlacuaches cuando las atrapa un perro y "se hacen los muertos". Si no es posible descargar toda la energía peleando o escapando del peligro, se da una disociación o desconexión de las diferentes funciones del organismo. Entonces, partes de nosotros pueden reaccionar *como si* la amenaza estuviera presente. El estallido de un cohete o el ruido de una sirena, por ejemplo, producen cierto sobresalto en la mayoría de las personas. Entre las víctimas de una guerra, esos mismos estímulos pueden producir pánico. He hablado con personas que vivieron la segunda guerra mundial o la guerra civil española: todavía se alteran cuando algo les recuerda los horrores de aquellos tiempos. La mayoría de los militares y civiles cuyos países se han visto envueltos en una conflagración *saben* cuando termina una guerra, pero al mismo tiempo partes de ellos, en ocasiones, reaccionan *como si* la guerra siguiera.

Suele pensarse que la memoria es el proceso por el cual traemos de nuevo a la mente alguna experiencia consciente, y que el aprendizaje original y el acto de recordar son eventos conscientes. Esta idea se basa en varias suposiciones: que siempre somos conscientes de lo que experimentamos, que cuando recordamos algo tenemos la sensación de vivirlo y que los eventos quedan almacenados en la memoria, como en un álbum de fotografías o una grabación, sin modificarse con el tiempo.

En la actualidad la memoria se define de un modo más amplio. No sólo incluye aquello que se recuerda conscientemente, sino cualquier forma en la que sea evidente que los eventos pasados influyen en la experiencia presente.

En el aprendizaje emocional, por ejemplo en el miedo, intervienen sistemas que operan fuera de la conciencia. A este tipo de memoria se le llama implícita. La memoria implícita es función de estructuras cerebrales que operan desde el nacimiento.[3] Por eso alguien puede tener miedo de algo sin saber por qué. Aunque no tenga ningún recuerdo explícito, es decir, que pueda poner en palabras, sus reacciones no dejan lugar a dudas: en algún lugar de su cuerpo y de su mente está recordando.

Cuando hay un trauma, la memoria del evento se divide en partes. Se vuelve imposible recordar conscientemente la totalidad de la experiencia. Por eso quienes sufren traumas de guerra en ocasiones no recuerdan conscientemente acontecimientos concretos, pero experimentan todo tipo de alteraciones fisiológicas, pesadillas y reacciones de pánico.[4] El individuo tiene la sensación de que el suceso está ocurriendo de nuevo. Cuando la CNN empezó a transmitir en vivo los bombardeos sobre Bagdad en 1991, una alemana, que tenía un año de nacida cuando terminó la segunda guerra mundial, me dijo: "Aunque sé que la guerra está en el otro lado del mundo y que no va a llegar aquí, tengo mucho miedo. Yo no me acuerdo de los bombardeos en Alemania, pero mi cuerpo sí".

Los recuerdos del evento traumático pueden estar disociados, esto es, no se puede recordar todo el evento conscientemente, de modo que se pueda relatar en una forma coherente, pero sus componentes visuales, táctiles, viscerales o auditivos se "vuelven a vivir". Es como si diferentes partes del cuerpo recordaran el trauma en tiempo presente.

El manual de diagnóstico de la Asociación de Psiquiatras de Estados Unidos, conocido como DSMIV, afirma que el trastorno por estrés postraumático se presenta cuando:

- El acontecimiento traumático es reexperimentado a través de recuerdos, sueños, reacciones fisiológicas o malestar psicológico.
- Se evitan sistemáticamente sentimientos, pensamientos, lugares o actividades asociadas al suceso traumático. Por ejemplo, conocí personas que años después del terremoto de 1985 en la ciudad de México evitaban

los elevadores, los edificios altos y el tren subterráneo, conocido como "Metro", a pesar de no haber sufrido daño alguno en sus personas o propiedades durante el evento.

- La hiperactivación producida por el evento traumático continúa provocando alteraciones del sueño, falta de concentración, hipervigilancia, reflejo de alarma exagerado e irritabilidad.
- Estas alteraciones se prolongan por más de un mes y provocan malestar significativo y deterioran el funcionamiento en áreas importantes de la vida de la persona como la escuela, el trabajo, las relaciones familiares, entre otras.

Los psiquiatras y psicólogos clínicos pueden encontrar que estos criterios son de gran utilidad para determinar la existencia de un trastorno, pero en la vida de las personas que han sufrido un trauma severo esto tal vez no sea tan fácil. Incluso sin que se cumplan las condiciones suficientes para hablar de un trastorno, muchas personas padecen las consecuencias de un trauma durante décadas.

Ron Kurtz, el creador del método Hakomi, cuenta que cuando trabajó en Alemania, trató a muchas personas que, en su interior, no estaban seguras de que la segunda guerra mundial ya había terminado.[5] Una parte de su cuerpo y de su mente seguía siempre en alerta. Por eso dentro de 50 años, cuando el mundo haya olvidado la invasión de Irak, la terquedad de Bush y de Hussein, y su necesidad de demostrar al mundo su poder y pasar a la historia, en la memoria de muchos iraquíes se seguirán librando combates y los que lleguen a viejos tendrán en su interior a un niño aterrorizado.

Durante un incidente traumático se activa el sistema simpático, una de las dos partes del sistema nervioso autónomo. Esto nos preparar para luchar o huir de lo que amenaza nuestra vida o nuestra integridad.

Hasta hace pocos años se creía que para sanar las heridas de un trauma era necesario hablar de la situación una y otra vez o provocar reacciones emocionales fuertes, de modo que la excitación que no se pudo descargar en su momento encontrara una salida. La idea era que el trauma producía una especie de absceso, que había que abrir para que saliera el pus y la sangre acumuladas, aunque esto produjera dolor. Décadas de investigación con víctimas de guerras, tortura, secuestros y terrorismo han demostrado que no siempre sucede así. En ocasiones obligar a una persona a referir una y otra vez el evento traumático o a que "saque" la rabia que no pudo expresar entonces puede traumatizarla de nuevo, provocando un sufrimiento innecesario. En lugar de sanar, la herida se abre una y otra vez y no puede cicatrizar. Babette Rothchild, experta en el tratamiento de personas con trastorno por estrés postraumático,[6] apunta que no es buena idea provocar a una persona cuyo sistema nervioso ya está sobreexcitado. De lo que se trata, en cambio, es de tranquilizarla y normalizar el funcionamiento de su sistema nervioso.

El tratamiento de una persona que sufre trastorno por estrés postraumático debe ser realizado por un profesionista competente, y no es el propósito de este libro abordar exhaustivamente el tema. Existe además una obra excelente, accesible para todo público: *Curar el trauma* de Peter Levine. En el caso de que tengamos que acompañar a alguien que ha sufrido un trauma, la principal recomendación es poner atención en lo que le pasa a la persona. No a todo el mundo le sirve relatar el evento, ni es necesario hablarlo una y otra vez, de modo que no hay que presionar a la persona para que lo haga. ¡Seguramente ya siente suficiente presión por dentro! Si acaso quiere relatarlo, la persona que lo acompaña deberá estar especialmente atenta a la expresión facial y a la respiración del narrador, para constatar si compartir el recuerdo le produce alivio o, por el contrario, las emociones que surgen son demasiado dolorosas y difíciles de manejar. También se le puede preguntar cómo se siente al hablar de eso y decirle que no tiene que relatarlo todo ni necesariamente en ese momento. No queremos retraumatizar a la persona, sino evitar el sufrimiento innecesario. Si la persona parece angustiarse mucho, es mejor pedirle que no siga adelante y simplemente estar presente para ella. En el caso de que se trate de traumas producidos por abuso sexual, el contacto físico puede no ser adecuado pues los mecanismos de alerta se activan automáticamente ante ese estímulo; pero si la persona traumatizada lo acepta (y no sólo "de dientes para afuera"), un abrazo contenedor siempre será bienvenido.

El estrés crónico

Los eventos traumáticos no son la única causa de que estemos estresados sin que haya una causa inmediata. Las personas que a menudo parecen tensas e irritables, que nos hablan siempre de preocupaciones o que se quejan constantemente padecen estrés crónico.[7] En la mayoría de los casos, es imposible encontrar un solo evento traumático que haya causado esas formas de ser.

En la historia de estas personas hubo situaciones estresantes que duraron mucho tiempo. Ante la imposibilidad de eliminar o escapar de los "estresares", sufrieron cambios en su cuerpo y en su mente que les ayudaron a sobrellevar la situación. Se adaptaron, pero el costo fue la alteración frecuente o incluso permanente de muchas de sus funciones, es decir, el estrés crónico. Es como si en su interior la persona decidiera, de modo inconsciente, que la única forma de vivir en el ambiente que le tocó en suerte fuera la tensión permanente.

En el estrés crónico las personas permanecen en un estado de alerta o resistencia que no puede desactivarse, sino que se mantiene constante o incluso puede aumentar con el tiempo. Se genera entonces una especie de cortocircuito en el que el sistema nervioso y el endocrino están activados para responder a estímulos externos que ya no están ahí. En cambio, el cuerpo y la mente continúan produciendo estímulos estresantes. Por eso en el estrés crónico el estado interno de la persona es de alarma sin haber motivos reales.

Esto se debe a que muchas de las funciones[8] de la persona se encuentran alteradas, activándose automáticamente como si existieran amenazas o peligros reales. En la esfera del pensamiento, por ejemplo, aparecen fantasías catastróficas: que quizá tiene sida, que se va a quedar sin trabajo o que en cualquier momento puede ser víctima de un asalto. Los músculos están tensos y la postura corresponde a la de alguien que está todo el tiempo en alerta. La respiración es agitada, torácica, con más énfasis en la inspiración, como si estuviera a punto de correr. Cualquiera de estas alteraciones funcionales contribuye a distorsionar las otras. La respiración agitada puede propiciar que vengan a nuestra mente pensamientos negativos y éstos, a su vez, pueden tensar nuestro cuerpo. En conjunto, todos esos cambios traen consigo una emoción como el miedo. En realidad es difícil afirmar qué función se alteró primero, pues existe una unidad funcional del organismo.

Uno de los estímulos internos con que una persona puede producirse estrés son los pensamientos catastróficos. Ramón, por ejemplo, frecuentemente tenía pensamientos negativos cuando manejaba rumbo a su trabajo. Imaginaba, por ejemplo, lo que pasaría si le diera un infarto en el auto. Por su mente pasaban imágenes de él mismo en terapia intensiva, de su funeral con su mujer e hijos llorando y de las posteriores penurias económicas de su familia. Siempre consciente de las consecuencias de sus actos, se decía a sí mismo que ojalá el infarto le diera en un alto, o al menos le concediera tiempo de estacionarse para no causar un choque y lastimar inocentes, esto haría que no tuvieran que atenderle las heridas del accidente además del padecimiento cardíaco.

No es que Ramón quisiera tener esos pensamientos, más bien se imponían a su conciencia. Como él, muchas personas se ven literalmente invadidas de pensamientos negativos, que aparecen en su conciencia como esos anuncios tipo *pop out* que ocupan una y otra vez la pantalla de una computadora.

Todos conocemos personas así. Es como si cada mañana amanecieran preguntándose, ¿de qué me voy a preocupar hoy? Por supuesto que no lo hacen a propósito. Como cualquiera, quisieran no vivir angustiadas, pero *automáticamente* aparecen en su mente pensamientos negativos, incluso catastróficos. Ante cualquier situación imaginan los peores escenarios posibles. Si se enfrentan a una dificultad, tienden a verla como si fuera más difícil o peligrosa de lo que es en realidad, en buena parte porque se sienten incapaces de afrontarla.

En el estrés crónico las personas se hallan atrapadas en un círculo vicioso. Su estado de alerta continuo las agota o las hace evaluar las situaciones y su propia capacidad de manejarlas negativamente. Esto a su vez les produce mayor tensión. Las posturas tensas invitan pensamientos negativos que a su vez los estresan más. Al mismo tiempo, el estrés en que viven propicia padecimientos como la gastritis o los dolores de cabeza por tensión, que les hacen percibir su entorno de modo negativo. Cada vez resulta más difícil relajarse, ya no digamos sentir bienestar o placer que no se vean interrumpidos o disminuidos por el estrés.

¿Frecuentemente sientes que todo te molesta? ¿A menudo piensas que las cosas pueden salir mal? ¿Haces tormentas en vasos de agua? ¿Te cuesta conciliar el sueño o despiertas en la madrugada y te invaden pensamientos relacionados con problemas o asuntos inconclusos? ¿Rechinas los dientes en la noche? ¿Te es muy difícil relajarte por completo?

El estrés crónico es complejo. Involucra partes de nosotros mismos que no son del todo conscientes ni voluntarias, y en muchos casos se mantiene como reacción ante situaciones del pasado que siguen influyendo en nosotros, pero de las que no podemos dar cuenta. Si lo padecemos, es necesario entender que no va a desaparecer de un momento a otro. Hay que comprender cómo se originó y de qué manera se mantiene para modificar las diferentes partes de ese círculo vicioso y avanzar poco a poco.

En los capítulos siguientes hablaremos de las causas del estrés, de cómo se manifiesta en nuestro cuerpo y mente y de lo que se puede hacer para manejarlo.

Bibliografía

1. En *The Stress of Life*, Selye relata con detalle los primeros años de su trayectoria científica.
2. Paul Ekman trata esta y otras emociones en *Emotions revealed*, Times Books, Holt and Company, Nueva York, 2003.
3. En *The Developing Mind* de Siegel (Guilford Press, Nueva York, 1999) se puede encontrar más información sobre la memoria.
4. Para quienes deseen saber más acerca del tema recomiendo de Peter Levine, *Curar el trauma*, Ediciones Urano, Barcelona, 1999.
5. Sobre Ron Kurtz y el método Hakomi vea ronkurtz.com.
6. Babette Rothchild es autora de *The Body Remembers. The Psychophysiology of Trauma and Trauma Treatment*, W.W. Norton, Nueva York, 2000. Sus propuestas para tratar el estrés postraumático también se pueden encontrar en "Body Psychotherapy without touch: applications for trauma therapy", capítulo 5 de *Body Psychoterapy*, Tree Staunton, Brunner Rutledge, East Sussex. G. B.
7. El libro de Santo di Nuovo, Luciano Rispoli y Emilia Genta, *Missurare lo Stress* (Franco Angeli, Milán, 2000) me ayudó a entender la naturaleza y los mecanismos que contribuyen a mantener el estrés crónico.
8. Una función es cualquier operación que realiza un organismo para adaptarse a un ambiente siempre cambiante. Los procesos psicológicos básicos que suelen estudiarse en los cursos de psicología general, como

el pensamiento, la emoción o la memoria son funciones. También son funciones la postura, la respiración y el tono muscular.

Capítulo 2

Las causas del estrés

Los "estresores"

Cómo veíamos en el capítulo 1, la palabra estrés se ha utilizado tanto para hablar de las presiones a que nos somete nuestro ambiente como de los efectos que esas presiones tienen en el organismo, es decir, el desgaste que todos tenemos ante los retos, agravios y carencias que enfrentamos en la vida. En este capítulo hablaremos de las situaciones y eventos que producen estrés.

Selye creó la palabra estresor (*stressor*, en inglés) para referirse a los agentes causales del estrés. En teoría, cualquier estímulo o situación puede producir estrés, dependiendo de su intensidad, duración, frecuencia, el momento en que se presenta o de qué manera se combina con otros factores. Recordemos también que para determinar el nivel de estrés que produce cada evento o situación, es de particular importancia la forma en que lo percibimos y nuestra capacidad de afrontarlo exitosamente.

En sus primeras investigaciones, Selye registró los cambios que se producían en diversos órganos y tejidos de animales de laboratorio cuando se les administraban sustancias químicas, compuestos contaminados con microbios y estímulos como ruido, frío y calor. Tanto los estresores como sus efectos podían ser medidos objetivamente en el laboratorio. Cuando el concepto de estrés se aplicó a seres humanos, hubo que tomar en cuenta los estresores psicosociales, es decir, todas aquellas situaciones que producían estrés como resultado de las relaciones (o la falta de las mismas) con los demás. El hombre, como todos los animales que viven en sociedades, está sujeto a las presiones que implican buscar la inclusión en los grupos, ganar o perder el afecto, la compañía y la protección de otros miembros del grupo, conseguir y conservar una pareja, proteger, alimentar y enseñar a sus crías y luchar por el poder.

Durante muchos años la investigación respecto a los estresores psicosociales se centró en aquellos eventos que producían estrés negativo en un lapso de tiempo determinado, generalmente el último año, haciendo mayor énfasis en los grandes cambios o transiciones de la vida. La escala de Holmes ejemplifica esta tendencia.

En 1967 Thomas Holmes y Richard Rahe, investigadores de la escuela de medicina de Washington, revisaron los expedientes de 5 000 pacientes con objeto de conocer los eventos que podrían haber influido en que enfermaran. Después de los análisis estadísticos, publicaron una lista de 40 estresores, ordenados de mayor a menor intensidad, asignándole un valor a cada uno de los eventos.[1] Para obtener una calificación hay que sumar los puntos correspondientes a cada evento estresante que uno experimentó en los últimos 12 meses:

Muerte del cónyuge	100
Divorcio	73

Separación matrimonial	65
Encarcelamiento	63
Muerte de un familiar	63
Enfermedad o accidente personal	53
Matrimonio	50
Pérdida del trabajo	47
Reconciliación matrimonial	45
Jubilación	45
Enfermedad de un familiar cercano	44
Embarazo	40
Dificultades sexuales	39
Un nuevo miembro en la familia	39
Reajuste en los negocios	39
Cambio de estatus económico	38
Muerte de un amigo íntimo	37
Cambio de trabajo	36
Aumento en las discusiones conyugales	35
Deuda o hipoteca	31
Término del plazo de hipoteca o préstamo	30
Cambio en las responsabilidades laborales	29
Hijo(a) que se va del hogar	29
Problemas con parientes políticos	29
Logro personal extraordinario	28
La esposa empieza o deja de trabajar	26
Comienzo o final de estudios	26
Cambio en las condiciones de vida	25
Cambio en los hábitos personales	24
Problemas con el jefe	23
Cambio en el horario de trabajo	20
Cambio de domicilio	20
Cambio de escuela	20
Cambio en las actividades recreativas	19
Cambio en las actividades religiosas	19
Cambio en las actividades sociales	18
Comprar algo a crédito	17
Cambio en el horario de dormir	16

Cambio en el número de reuniones familiares	15
Vacaciones	13
Temporada navideña	12
Pequeñas infracciones a la ley	11

Según Holmes y su colaborador, entre más puntaje, mayor es la probabilidad de contraer una enfermedad o sufrir un accidente en los siguientes dos años. Aquellas personas que sumaban más de 300 puntos tenían 80% de probabilidad de enfermar en los siguientes dos años; los que sumaban entre 150 y 300 tenían 51%, y si el puntaje era de menos de 150, la probabilidad descendía a 35%.

Las personas que gusten de los números tal vez podrían añadir estresores y asignarles un valor equivalente a los eventos que les han producido tensión en el último año. Es importante señalar que:

1. Los eventos se suman, de modo que varios eventos moderados pueden equivaler a uno severo. De igual manera, un evento puede necesariamente llevar a otros; por ejemplo, empezar estudios tal vez suponga cambios de domicilio, en el horario de dormir y en las actividades recreativas.

2. Uno puede haber estado expuesto a varios eventos considerados generalmente como positivos y sentirse estresado. Ana, por ejemplo, tuvo un año lleno de logros: se recibió, obtuvo un ascenso en el trabajo y se casó. En su luna de miel, conoció París, lo que siempre había anhelado. No sabía por qué se sentía ansiosa. Simplemente había tenido demasiados cambios y estimulación: necesitaba tiempo para asimilarlos.

Por otra parte, seguramente cada lector podría añadir eventos o situaciones no incluidos en la lista de Holmes y

Rahe, o señalar que para él o ella fue más doloroso o le produjo más tensión un acontecimiento al que estos investigadores asignaron un puntaje bajo o viceversa:

- Muchos de los estresores de su escala se refieren a las transiciones de la vida, como la muerte de un familiar, el matrimonio o el nacimiento de un hijo, y no se le da tanta importancia a situaciones cotidianas de baja intensidad pero que persisten durante mucho tiempo.
- Se le asigna mayor importancia a la saturación de eventos o cambios; en otras palabras, a mayores cambios que experimente la persona, mayor será su estrés porque deberá adaptarse a nuevas situaciones. Esta forma de ver las cosas deja de lado que también la carencia de estímulos resulta estresante: pensemos en un animal enjaulado que da vueltas sin parar o que se deprime por falta de estímulos. El exceso de actividad puede producir tensión, pero también no tener algo que hacer. La soledad es difícil de soportar para muchas personas, pero la sobrepoblación también lo es.
- En 1969 Paykel introdujo variables interesantes que enriquecieron la escala de Holmes y Rahe: clasificó los eventos estresantes en deseables e indeseables y, por otra parte, distinguió si implicaban entrar o salir de un "campo social", es decir unirse a una persona, grupo u organización o separarse. Obviamente, los sucesos que no deseamos nos resultan más estresantes. Las separaciones, por su parte, tienden a producir depresión.

Por supuesto, cualquier lista es incompleta y relativa. Los estresores varían según la cultura, la época en que uno vive y los factores genéticos y hereditarios de cada uno. La escala de Holmes y Rahe incluye eventos como "cambio en las actividades religiosas", asignándole 19 puntos. En mi experiencia como psicoterapeuta y consultor en manejo de estrés, jamás he sabido de alguien que se preocupe por esta razón. Así pues, las calificaciones obtenidas deben tomarse sólo como guía. Consideremos por ejemplo un adelanto tecnológico cuyas fallas lo convierten en un estresor: en el tiempo en que Holmes y Rahe crearon su escala no existían las computadoras. Al lado de todas las ventajas que su uso supone, pensemos en el estrés que provoca que "se caiga el sistema" del banco mientras esperamos en una sucursal o tratamos de conectarnos por Internet para hacer un pago que vence ese día, y más aún el disgusto que sufre quien pierde todos sus archivos por un virus. En nuestros tiempos hay también eventos inequívocamente estresantes, algunos de máxima intensidad, que eran menos frecuentes hace tres décadas. Recordemos que en 1967 los estadounidenses no se sentían amenazados por el terrorismo y cómo en esa época, en México y otros países de habla hispana, la inseguridad y el desempleo no tenían la dimensión actual. En suma, en cada época existen diferentes estresores, sea de tipo traumático, como el terrorismo, sea de impacto medio y ligero, como los problemas derivados del uso de las computadoras.

Otra forma de valorar la intensidad de los eventos que producen estrés es la de los manuales de diagnóstico de la Asociación Psiquiátrica de Estados Unidos. Siguiendo el ejemplo de Holmes, también evalúan los estresores psicosociales a que una persona ha estado expuesta en el último año, pero no pretenden asignarles valores numéricos exactos. Para estos manuales existen siete diferentes grados de intensidad de los estresores a los que alguien puede estar expuesto:

Catastrófico	Experiencia de campo de concentración, varias muertes en la familia.
Extremo	Muerte de un familiar cercano, divorcio. En un menor, ser víctima de reiterado abuso físico o sexual.
Severo	Enfermedad seria en la propia persona o en un miembro de la familia. Separación matrimonial, nacimiento de un hijo. En un menor, muerte de un niño de su edad, divorcio de los padres, hospitalización.
Moderado	Cambio de ocupación, muerte de un amigo cercano, embarazo. En un menor, peleas frecuentes entre los padres, cambio de escuela, enfermedad de un familiar cercano, nacimiento de un hermanito.
Ligero	Dificultades con los vecinos, cambio en el horario de trabajo. En un menor, cambio de maestra, nuevo año escolar.
Mínimo	Deuda menor, vacaciones.

Existen varios factores que determinan la severidad de los estresores en general:

- Duración. Entre más tiempo estemos expuestos al estímulo o situación, mayor es el daño que nos puede causar.
- Intensidad. Los estímulos de mayor magnitud, por ejemplo mayor ruido, más frío o calor, son más estresantes. Esto también aplica a la importancia subjetiva que le asignamos al evento. Viajar por primera vez a otro país produce más tensión que trasladarse a la ciu-

dad vecina, y un examen profesional es más estresante que el parcial de una materia.

- Inminencia. A medida que se acerca la fecha de un acontecimiento, ya sea que éste sea percibido como positivo o negativo, mayor es la tensión. Regresando a los ejemplos anteriores, en la noche previa al examen profesional o al viaje experimentaremos mayor nerviosismo que un mes antes.
- Predictibilidad. Si sabemos qué va a pasar, el estrés disminuye. Este factor es de particular importancia en medicina, y particularmente en la cirugía, pues la investigación ha comprobado que los pacientes bien informados de los efectos del tratamiento o intervención se recuperan más rápido y sufren menos dolor. Pensemos también en la tensión que producen los trámites burocráticos difíciles de entender, pues uno nunca sabe exactamente qué le van a pedir, cuánto tardarán y cuál será el resultado.

Cualquiera que sea el nivel de estresores al que uno haya estado expuesto, es importante reconocer que todos necesitamos un período de recuperación y asimilación de las experiencias vividas. Después de una pérdida, por ejemplo, es conveniente que tomemos las cosas con más calma. Aunque no nos enfermemos, resulta aconsejable actuar como si nos estuviéramos recuperando de una enfermedad, cuidando nuestra alimentación, descansando más y, sobre todo, buscando la compañía de personas cariñosas y comprensivas.

Pongamos por ejemplo un evento por desdicha frecuente en la Ciudad de México: que a uno le roben su auto. En el caso de que se trate de un robo sin violencia, uno camina hasta donde dejó su coche estacionado para encontrar que ya no está ahí. En un primer momento hay asombro e incredulidad, tal vez la esperanza de que nos equivocáramos de lugar y el auto esté unos metros más allá, o de que nos hubiéramos estacionado en un lugar prohibido y lo encontremos en el corralón. Probablemente sintamos un vacío en el estómago u otras manifestaciones corporales de estrés. Pero no podemos quedarnos ahí. Hay que levantar un acta en la delegación, lo que puede llevar horas, y dar aviso al seguro, además de cancelar los compromisos de todo el día. En otras palabras, es necesario hacerle frente a la situación. Pero cuando hemos concluido los trámites indispensables y estamos de regreso en casa, sin auto, tenemos que lidiar con nuestra impotencia, coraje y frustración. Tal vez nos den ganas de golpear una almohada y gritar. Tal vez nos den ganas de llorar o de quedarnos en cama todo el día. En la medida de lo posible, hay que hacerle caso a nuestras emociones.

No tiene sentido "hacernos los fuertes" y pretender que no ha pasado nada. La mayoría de las veces debe afrontarse la situación, pero una vez agotada la fase de alertamiento y resistencia, es preciso recuperarse. Los eventos estresantes nos afectan independientemente de nuestra voluntad y nuestra conciencia. Dependiendo de la magnitud del evento, y sobre todo atendiendo a nuestro cuerpo para advertir qué tanto nos afectó, debemos permitirnos una pausa para reponernos y asimilar la experiencia.

¿Cuáles fueron las cosas que me afectaron en los últimos 12 meses? Más allá de las listas presentadas en este libro, ¿qué fue lo que realmente me alteró? ¿Cómo sería mi vida si eso no hubie-

ra sucedido? ¿De qué manera respondí? ¿Lo afronté, lo evité o lo ignoré? ¿Me di un tiempo para asimilar mis experiencias? ¿Qué puedo aprender de todo eso?

El énfasis en los estresores psicosociales no debe hacernos olvidar los estresores físicos. La excesiva estimulación a que estamos expuestos en las ciudades (ruido, anuncios, contaminación atmosférica, tránsito) produce estrés, así como el calor, el frío, el hambre, el exceso de comida y las enfermedades. La mayoría de los expertos coincide, sin embargo, en que los estresores psicosociales son percibidos como más nocivos que los físicos por la mayoría de las personas. Ya Freud lo advertía en *El malestar de la cultura*, la más leída de sus obras: nos resulta más difícil soportar el sufrimiento que nos provocan nuestros semejantes y las instituciones que se supone fueron creadas para nuestro bienestar que el que nos impone el medio ambiente. Las investigaciones con víctimas de estrés postraumático han corroborado estas afirmaciones: en general cuesta menos recuperarse de una catástrofe natural que del sufrimiento infligido por nuestros semejantes.

El estrés situacional

La mayoría de los estresores comentados en el apartado anterior, particularmente los catastróficos, extremos y severos, no son acontecimientos que formen parte de la vida cotidiana de la mayoría de las personas. Se trata de eventos extraordinarios, o al menos que no suceden todos los días. Pueden ir desde la muerte de un familiar hasta el matrimonio o las vacaciones. Por fortuna no es frecuente que mueran nuestros familiares y la mayoría de las personas no se casa a menudo. Este tipo de eventos causa un tipo de estrés que podemos calificar de agudo, es decir, de poca duración. Sus consecuencias, salvo en el caso del trastorno por estrés postraumático, no suelen durar mucho.

El estrés situacional, y el crónico, en cambio, pueden durar años. En estos casos, es difícil encontrar un evento aislado que haya producido toda esa tensión, y sí lo hay, la reacción de la persona parece desproporcionada.

Las causas del estrés situacional y del crónico tienen que ver con carencias, conflictos y presiones que sufrimos día a día, tanto así que nos llegan a parecer "normales". En algunas ocasiones se trata de adultos con un estilo de vida que genera más tensión de la que pueden manejar. Ciertamente, el entorno social, económico, ambiental y político contribuye en mucho a aumentar los niveles de estrés de la población en general. Es difícil relajarse cuando nos sentimos solos en las grandes ciudades, no tenemos ninguna seguridad de conservar nuestro trabajo, respiramos aire contaminado, estamos expuestos al ruido y sentimos que los funcionarios del gobierno no velan por nuestros intereses. En la esfera individual, no cabe duda de que hay profesiones y lugares de trabajo particularmente estresantes.

La diferencia entre el estrés situacional y el crónico es que el primero desaparece si la persona cambia de ambiente. En la práctica pueden resultar difíciles de distinguir porque las personas que padecen estrés crónico tienden a reaccionar desmedidamente frente a las presiones de la vida y a ser poco eficientes al afrontar las situaciones que las lastiman, agobian o enfadan, así que tienden a colocarse en situaciones estresantes.

Jorge padecía un caso típico de estrés situacional. Estaba harto de su vida cotidiana. Todos los días debía manejar una hora y media para llegar a su trabajo, en el que encontraba muy pocas satisfacciones: su jefe le parecía arbitrario y prepotente y las labores que realizaba eran rutinarias. Cuando terminaba la jornada laboral, le esperaba otra hora y media en el auto. Llegaba a casa agotado. El fin de semana escasamente le alcanzaba para reponerse un poco. Los domingos, el pensamiento de que al día siguiente debía ir de nuevo a trabajar lo abrumaba. Algunos años antes de alcanzar la jubilación, empezó a estudiar otra profesión. La perspectiva de dejar de ir todos los días a la oficina que odiaba y dedicarse a lo que realmente le gustaba era su único consuelo. En cuanto se jubiló se sintió dueño de su tiempo y de su vida. Al principio su cuerpo no acababa de enterarse de que ya no debía ir a la oficina, y todavía despertaba sobresaltado pensando que se le había hecho tarde, pero un par de semanas fueron suficientes para aliviarlo de su estrés situacional. En muchos casos, los jubilados se deprimen. Les cuesta adaptarse: no encuentran qué hacer con su tiempo, no se sienten a gusto en su casa, pero tampoco tienen adonde ir. Éste no era el caso de Jorge, para quien la jubilación marcaba el inicio de un nuevo proyecto.

El estrés situacional puede aparecer tanto por exceso como por falta de actividad y estimulación. Como dice Luciano Rispoli, psicólogo e historiador italiano, el verdadero bienestar está en una suave alternancia entre los polos opuestos, entre momentos de atención y actividad y momentos de relajamiento y tranquilidad. Esa suave alternancia implica ciclos diarios, semanales y anuales en donde haya tiempos de actividad y tiempos de descanso.

¿Cómo es mi vida actual? ¿Tengo demasiadas actividades o muy pocas? ¿Puedo disfrutar tanto de la actividad como del descanso?

¿Qué puedo hacer para que mi vida actual sea más relajada y placentera? ¿Soy capaz de desconectarme de los problemas del trabajo en mi hora de comida o en los días de descanso? ¿Me puedo entregar totalmente a otras actividades en mi tiempo libre? La próxima vez que seas consciente de que estás pensando en tus problemas cuando podrías estar disfrutando del tiempo presente, pregúntate: ¿Qué gano con estar pensando en eso ahora? No permitas que ese pensamiento se quede contigo y pon atención a lo que estás viviendo ahora.

Las causas del estrés crónico

El estrés crónico no se debe a la situación externa sino a que la propia persona genera, sin darse cuenta, estímulos que le producen estrés. Se trata de personas que estuvieron sujetas a situaciones estresantes durante mucho tiempo en la niñez o en la adolescencia. Por su edad, no podían eliminar o escapar de la situación. Es prácticamente imposible para un niño cambiar de padres o cambiar a sus padres. Tampoco puede entender lo que pasa en su hogar y en muchas ocasiones generaliza a partir de las situaciones que vivió durante sus primeros años.

Durante esos primeros años no tenemos la capacidad de afrontar muchas circunstancias adversas sin consecuencias. No tenemos el vocabulario o la capacidad de comprensión para entender lo que nos pasa o pedir lo que necesitamos. Hacemos lo mejor que podemos para adaptarnos a nuestro ambiente. Nadie tiene una infancia perfecta, pero cuando las carencias, conflictos y distorsiones que todos experimentamos cuando somos pequeños son excesivas, impiden el desarrollo armónico. Los retos que representa el crecimiento se transforman entonces en agravios,[2] y tanto nuestro cuerpo como nuestra mente se distorsionan en consecuencia.

Las situaciones que generan estrés crónico en los primeros años de la vida se hallan relacionados con la satisfacción de necesidades básicas en la infancia. Los psicólogos que han estudiado el desarrollo de la personalidad en la niñez y adolescencia han encontrado que existe una serie de necesidades que cada niño debe satisfacer en el curso de su vida. Cada necesidad aparece en un período determinado del desarrollo, pero sigue existiendo durante toda la vida.

Entre las necesidades más importantes están las siguientes:

1. SEGURIDAD. El niño debe sentir que su derecho a existir es indiscutible y que su llegada al mundo, planeada o no, fue y es bienvenida. Debe sentirse seguro, al menos en su propia casa y con su familia. Los padres, hermanos y demás personas con las que vive nunca deben ser percibidos como una amenaza a su integridad. Cuando, por ejemplo, los padres son violentos, los niños llegan a temer por su vida. ¡Tratemos de imaginar el terror de un pequeño cuando se le viene encima un adulto furioso con el triple de su peso y casi el doble de estatura!

Pedro, por ejemplo, se aterrorizaba con los pleitos entre sus padres, en los que siempre había golpes y gritos. Se ocultaba bajo la mesa, temiendo por la vida de su madre y la propia. Muchos años después seguía llorando cuando recordaba que muchas veces, al final de la pelea, el padre se volvía a mirarlo y le gritaba que por su culpa se había tenido que casar con la vieja estúpida de su madre.

2. AMOR. El niño debe sentir que lo quieren incondicionalmente. Esto no quiere decir que aceptan todo lo que hace, sino que el cariño que le tienen es gratuito y que tiene derecho a necesitar y pedir amor, calor y compañía. Aunque no es posible satisfacer estas necesidades en todo momento, la necesidad no se debe cuestionar.

Clara recordaba que, cuando se acercaba a su mamá en busca de cariño y calor, casi siempre era rechazada con un "Quítate, tengo mucho que hacer" o "Niña encimosa". Francisco, por su parte, siempre oyó a su madre repetir: "Los hijos y los maridos por sus hechos son queridos". Nunca sintió que era suficientemente bueno como para merecer su cariño.

3. INDEPENDENCIA Y AUTONOMÍA. De acuerdo con su edad, cada niño debe tener oportunidades para tomar sus propias decisiones, tener iniciativas y estar solo.

A la madre de Gloria, que fue hija única, no le gustaba estar sola. Cada vez que Gloria quería salir a jugar, ella la hacía sentir culpable por dejarla o le hablaba de toda clase de peligros que encontraría en la calle, y de cómo en ningún lugar estaría como en su casa y nadie la querría y aceptaría como ella. Aún ahora, ya adulta, y muchos años después de que su madre murió, Gloria sigue sintiendo culpa por no haber sido una buena hija y haber aceptado un trabajo en otra ciudad, a pesar de que llevó a su madre consigo. La señora nunca se sintió a gusto en su nueva casa y siempre se lo recriminó. Gloria nunca sintió que su vida le pertenecía.

4. SER ACEPTADO TAL COMO UNO ES. En algunas ocasiones los padres u otros parientes tienen ideas fijas acerca de lo que un miembro de la familia debe ser o no. Tal vez desean un hijo, pero tienen en mente a un bebé ideal como los que aparecen en los anuncios de televisión. Quizá alguno desea que ese hijo en particular sea hombrecito o mujercita. O tal vez el pequeño es demasiado activo o muy quieto, demasiado alto o demasiado bajo, o tal vez el color de su piel es más oscura de lo que esperaban. Es posible que se parezca mucho a la familia de uno de sus progenitores y eso lo haga valer menos a los ojos de la otra familia. El niño siempre es diferente del que los padres habían imaginado, y es con él con quien deben convivir 20 años o más. Si proyectamos en nuestros hijos nuestros propios deseos insatisfechos, cuando queremos que ellos hagan lo que nosotros no pudimos o no nos atrevimos, o simplemente si queremos que crezcan a nuestra imagen y semejanza, necesariamente condenamos a ambas partes, hijos y padres, a grandes frustraciones.

Por ejemplo, Ana Luisa no se sintió aceptada por su madre porque ella misma no aceptaba su género. Muy temprano en su vida llegó a la conclusión de que es malo ser mujer. Como era pequeña, su experiencia se limitaba a su propio hogar, pues le era difícil darse cuenta de que en otras familias el valor de los hijos no estaba determinado por el género. Cuando su cuerpo empezó a cambiar, hizo todo lo posible por ocultarlo. Vestía con ropa muy holgada y hundía el pecho para que no se le notaran los senos. Estaba segura de que muchas actividades interesantes simplemente no eran para ella, por ser mujer. En sus relaciones con los hombres creía una obligación subordinarse y que le hacían un favor al estar con ella. Sus movimientos se restringían a lo que ella consideraba propio de una mujercita, de manera que ocupaba siempre el menor espacio posible. Desde pequeña sufrió cambios en su cuerpo y en su mente que le ayudaron a sobrellevar la situación. Se adaptó a costa de alterar muchas de sus funciones.

5. SENTIR Y EXPRESAR SUS EMOCIONES. En algunas familias la expresión o incluso la mera existencia de ciertas emociones no se permite. Cuando uno de los miembros se atreve a decir que siente la emoción prohibida, los demás se sienten amenazados y hacen lo posible por que el niño la niegue o la suprima, hasta que él mismo no la pueda reconocer como propia y olvide que alguna vez la sintió.

En la casa de Estela, por ejemplo, nunca se permitió la tristeza. Todos debían estar siempre contentos. Hace mucho que Estela se independizó de la familia, pero todavía se pone mal cuando se siente triste. Cuando está triste, aparte del dolor normal que cualquiera sufre ante una pérdida, Estela debe lidiar con la culpa por sentirse triste. Hace poco, cuando Estela se atrevió a hablar del dolor que le causaba la muerte de su primo, su madre le gritó, enojada: "No tienes ninguna razón para estar triste, a ver, dime, qué te hace falta, tienes todo", y su hermana le dijo: "No estés triste, Dios te ama y también ama a Jaime en el Cielo".

En la familia de Nuria, en cambio, no había mucho lugar para la risa. Sus abuelos maternos, que vivían con ella, eran refugiados de la guerra civil española, y aunque el conflicto había terminado muchos años atrás, parecía que en casa siempre había que lamentar la derrota de los republicanos y el exilio. Nuria creció respirando la nostalgia de una patria que no conocía, y cada vez que estaba contenta, sus abuelos le recordaban que la verdadera alegría había quedado del otro lado del Atlántico. Para colmo, a menudo llegaban noticias de que algún miembro de la numerosa familia de Nuria había muerto en España y había que guardarle luto, por lo que se cerraban las ventanas y no se permitía la radio, la televisión ni los juegos.

Cuando el ambiente no proporciona los medios para satisfacer estas necesidades, el pequeño protesta. Si además se le impide protestar, entra en un conflicto: por una parte siente la necesidad, por otra se siente frustrado, enojado por no poder satisfacerla y, más aún, por no poder ni siquiera expresar su enojo. Entonces se vuelve contra sí mismo, negando la necesidad original. Entonces al dolor de las necesidades insatisfechas se suma el hecho de que muchas personas se sienten tontas, malas o culpables por sentirlas. En otras palabras, no aceptan siquiera sentir la existencia de esas necesidades. Frecuentemente uno las escucha decir que ya debería haber superado eso. Entonces les da por enojarse cuando se sienten tristes, por sentir culpa cuando están alegres o por recriminarse cuando recuerdan, con dolor, que su padre hubiera preferido un hombrecito en vez de una mujer. Esto no hace más que crear un sufrimiento innecesario. A la parte adulta le parece que las necesidades infantiles deberían haber quedado atrás, pero el niño lastimado que alguna vez fueron sigue vivo en su cuerpo.

Las heridas del desarrollo

Si los conflictos y carencias que sufrimos en nuestros primeros años nos impiden un desarrollo armónico, constituyen verdaderas heridas que dejan huellas profundas durante mucho tiempo, aunque no los recordemos conscientemente. Como vimos en el capítulo anterior, la memoria[3] no sólo incluye lo que se recuerda conscientemente, sino todas las reacciones automáticas del cuerpo que se presentan cuando los eventos pasados influyen en el presente. Así, por ejemplo, una persona que fue objeto de burlas por su aspecto en la escuela primaria, puede sentir cómo su cuerpo se contrae y suda frío cuando tiene que pararse frente a un grupo, como si el cuerpo estuviera en la situación original, aunque ahora se halle en un ambiente seguro en el que nadie se va a mofar de ella. Atendiendo a si el acto de recordar es consciente o no, o en otras palabras, si podemos expresar verbalmente tanto el acto de recordar como el recuerdo mismo, podemos hablar de memoria explícita e implícita.

Cuando los recuerdos y el acto de recordar son conscientes, nos referimos a la memoria "declarativa" o explícita, que tiene que ver con el funcionamiento de la corteza cerebral y el hipocampo. Una parte de la memoria explícita es la memoria autobiográfica, que nos permite narrar una historia coherente de nuestra propia vida.

Pero en el aprendizaje emocional, por ejemplo en el miedo condicionado, intervienen sistemas que operan fuera de la conciencia. La memoria implícita es función de estructuras cerebrales que operan desde el nacimiento, o tal vez poco antes, como la amígdala, los ganglios basales y la corteza motora. Cuando un evento registrado en este tipo de memoria influye en un evento futuro, no hay la sensación subjetiva de recordar.

Durante los primeros tres años de la vida ocurren eventos que no podemos recordar conscientemente, pero que forman parte de nuestra memoria implícita. Tales eventos no requieren procesamiento consciente durante su codificación o al recordarlos. Por ejemplo, numerosas investigaciones han demostrado que los bebés pueden "recordar" experiencias de modo conductual, perceptual y emocional. Muchas personas no pueden recordar conscientemente los conflictos y carencias que sufrieron cuando eran pequeñas. Las necesidades que se mantuvieron insatisfechas, sin embargo, están implícitas en su vida presente. No las pueden poner en palabras, pero en su comportamiento es evidente que "recuerdan" implícitamente.

El condicionamiento clásico es un ejemplo de memoria implícita. El padre del conductismo, J. B. Watson, condicionó a un niño de pocos meses a temerle a un animal de peluche aparejando su presentación con un ruido muy fuerte. Si este procedimiento se repite muchas veces, probablemente el niño presentará el reflejo de alarma cada vez que vea un juguete parecido. Dado que los circuitos de memoria explícita no estaban lo suficientemente desarrollados cuando tal condicionamiento ocurrió, el niño nunca podrá hablar del evento; sin embargo, lo recordará durante mucho tiempo.

Afortunadamente la mayoría de los investigadores de hoy juzgarían poco ético hacer un experimento como el de Watson, pero cuando las necesidades de las que hablamos no se cubren, particularmente en los primeros tres o cuatro años de la vida, no son "recordadas" explícitamente, es decir que no forman parte de la historia de nosotros mismos que podemos contar. La memoria implícita es la memoria del cuerpo. Como dice Rispoli: "Las *huellas* de nuestra historia [...] están todas contenidas en nuestro cuerpo". Se trata de funciones modificadas de manera permanente como resultado de experiencias del pasado. Las principales son el tono muscular de base, las posturas y movimientos habituales y no del todo conscientes, y ciertas sensaciones internas. Los movimientos y posturas repetitivas generan los estados de ánimo que los originaron en el pasado, de modo que la memoria corporal renueva constantemente las viejas emociones suprimidas, la sensación de que corremos peligro, la duda de si merecemos ser queridos o la idea de que no valemos gran cosa.[4]

Es precisamente trabajando con la memoria implícita o corporal como se pueden sanar las heridas de desarrollo.

Resumiendo:

1. Los eventos inesperados, que no forman parte de las expectativas de vida de la mayoría de las personas, incluyendo los catastróficos, pueden producir estrés traumático y postraumático.
2. Las condiciones adversas y duraderas de vida, particularmente si la persona las percibe como impuestas, producen estrés situacional.
3. Los eventos deseados, que implican riesgo, producen estrés positivo.
4. Cuando un niño crece en condiciones adversas que le impiden desarrollarse armónicamente y debe hacerse cargo de situaciones que rebasan las capacidades propias de su edad, se crean las condiciones para el estrés crónico.

Independientemente del tipo de estrés negativo que estemos padeciendo, es muy común que vengan a la mente muchos de los eventos o situaciones que lo producen. Cuando hablan de sus problemas, las personas a menudo pasan rápidamente de uno a otro. Parece que los pensamientos y recuerdos estresantes se impusieran a la conciencia, como algunos virus o anuncios tipo "Pop Out" ocupan el monitor de nuestra computadora. Eugene Gendlin, psicólogo, psicoterapeuta y filósofo sobresaliente, creó un procedimiento llamado *focusing* o enfoque corporal.[5] El primer paso del *focusing* puede resultar muy útil para manejar los momentos en que todos los problemas parecen venir a la mente a la vez:

- *Date una pausa. Toma unos minutos sólo para ti. Respira profundamente tres o cuatro veces y haz un espacio en tu mente. Ve qué pasa cuando te preguntas: ¿Cómo estoy? ¿Qué me impide estar muy bien en este momento?*
- *No contestes; deja que las respuestas vengan espontáneamente, que tu cuerpo conteste.*
- *Probablemente vengan a tu mente varias cosas. No te quedes con ninguna de ellas. No te adentres en ninguna. Mantente a distancia, sólo observa cada cosa que venga a tu conciencia.*
- *Dale la bienvenida a cada preocupación y hazla a un lado. Quizá te ayude, cada vez que aparezca algo, imaginar que le pides que espere un poco mientras la atiendes. Tal vez quieras darle a cada problema un turno, como en el banco o el supermercado. Los vas a atender a todos, pero a su tiempo.*
- *De no ser por eso, ¿estás bien?*

La pausa en sí misma tiene gran valor. En la mayoría de las actividades es posible tomar un descanso, así sea solamente un par de respiraciones profundas. La alternancia entre la actividad atenta y la relajación es una de las mejores recetas para manejar el estrés. Hablaremos más de las pausas y del soltar en el capítulo 5.

Dejar que la respuesta "venga" y la capacidad de "hacerse a un lado" implican un estado de conciencia que es en sí un antídoto del estrés. Se trata de desarrollar el testigo interno del que hablamos en la Introducción. Cuando nos sentimos agobiados por un problema, es como si nos dejáramos llevar por la corriente de un río. La comparación no es gratuita, nuestra mente se pierde en una poderosa corriente de preocupaciones, expectativas catastróficas y culpas. Es muy diferente observar nuestros problemas, como quien mira un río crecido desde la orilla. Podemos ver las sensaciones corporales, recuerdos e imágenes asociadas a nuestros problemas, pero no somos esos problemas, recuerdos e imágenes.

En la mente de todos nosotros suele haber varios problemas. Tomarlos en consideración y luego tomar cierta distancia de ellos rompe con el hábito nocivo de preocuparnos por preocuparnos. Son muchos los que se castigan a sí mismos por tener problemas. Piensan que deberían haberlos resuelto y que son estúpidos o inmaduros por preocuparse de "esas cosas". Todos tenemos problemas que pueden parecer triviales, mientras que otros tal vez son asuntos que venimos cargando desde mucho tiempo atrás. No importa. Si no les prestamos atención seguirán presionando para estar en nuestra conciencia, pero si nos dejamos atrapar por ellos podemos caer en un círculo vicioso que nos estrese cada vez más. Lo que hay que hacer es una lista de los problemas que nos impiden estar bien en este momento, tomando cierta distancia de ellos. Si al hacer los problemas a un lado sentimos cierto bienestar, expresado por ejemplo en un suspiro o la sensación de que algo se soltó dentro de nosotros, habremos dado un paso importante.

Bibliografía

1. La escala se conoce como "The Social Readjustment Rating Scale", y apareció en 1967 en el *Journal of Psychosomatic Research*, II, pp. 213-218.
2. En *Patterns of Distress* (Center Press, Berkeley, California, 1989), Stanley Keleman se refiere a cuatro tipos diferentes de agravios (*insults* en el original): la negligencia, el abuso, el trauma y el *shock*. Cada uno produce pautas de respuestas características en el cuerpo y la mente.
3. Al respecto véase de Daniel Siegel, *The Developing Mind*, Guilford Press, Nueva York, 1999, y de Le Doux, *The Neurobiology of Fear*. En ambos casos se trata de trabajos de divulgación científica, destinados a lectores que no son especialistas en la materia.
4. De Rispoli recomiendo particularmente *Il Sorrsio del corpo e I Segreti dell'anima* (Liguori Editore, Nápoles, 2003), obra dirigida al público en general y lectores especializados.
5. Gendlin describió el procedimiento en *Focusing. Proceso y técnica del enfoque corporal, op. cit.* Pocos autores tienen, como Gendlin, un visión general del proceso terapéutico más allá de las limitaciones de las escuelas, por lo que recomiendo su libro El focusing en psicoterapia. Manual del método experiencial, *op. cit.*, en donde analiza el proceso terapéutico. En focusing.org se pueden encontrar excelentes artículos acerca de los fundamentos filosóficos y psicológicos del la psicología experiencial que propone Gendlin.

CAPÍTULO 3

Personalidades estresadas

Variaciones sobre el tema del estrés

Emigdio se levanta, como todos los días, a las 3:30 de la madrugada. Tiene que ir temprano a la Central de Abastos a surtirse de pollo, que venderá en uno de los mercados de la gran ciudad. Lleva 15 años haciéndolo y en todo ese tiempo sólo ha faltado unos cuantos días, y eso por hallarse muy enfermo. Está seguro de que si dejara de ir al mercado un día, sus competidores le quitarían a sus clientes para siempre. Si eso sucediera, iría a la ruina. Entonces, su mundo se derrumbaría.

Magda nunca descansa. A pesar de contar con una posición económica privilegiada, que le permite pagar los servicios de cocinera, recamarera y chofer. Está segura de que si deja de supervisar a sus empleados unos días, la casa sufriría un desorden casi imposible de remediar. Sólo se siente bien cuando todo se encuentra en completo orden, pero esto sólo se logra por momentos. Los cuartos de los niños tienen una tendencia al caos que es necesario vigilar todo el tiempo. Un solo traste sucio en el fregadero o un cenicero ligeramente fuera de lugar bastan para irritarla. Un poco de polvo provoca que de inmediato se ponga en movimiento para corregir la falla.

A Román le cuesta permanecer en un trabajo. No es que sea flojo o carezca de habilidades, sino que, a cada momento, necesita demostrar a sus jefes y compañeros que sabe más y es el mejor. No puede resistirse: debe intervenir en todas las conversaciones y discute para probar que siempre tiene la razón. Trabaja en ventas, pero con frecuencia se enfrasca en alegatos a fin de, por ejemplo, enseñar a los de informática cómo deben programar las computadoras o a los de recursos humanos cuál es la mejor forma de manejar la nómina. Él siente que de esa manera demuestra su interés, capacidad y motivación, pero la verdad es que a muchos les resulta insoportable. Al saludar, aprieta la mano del otro como si quisiera romperle los huesos. Lo mismo sucede en su vida: pretende tener más conocimientos de odontología que su dentista y quiere enseñar al plomero a arreglar la tubería. Siempre tiene que ser más que los demás. Como él mismo dijo, si encontrara en su camino a un hombre verde, él trataría de ser más verde. Su estilo agresivo y competitivo ha hecho que en más de un trabajo acabe enemistándose con sus jefes. Al final terminan por despedirlo o él mismo se retira al considerar que su trabajo no es valorado.

A sus 48 años, Javier ha logrado todo lo que alguna vez soñó y más. Dirige su propia empresa con mucho éxito y constantemente se empeña en nuevos proyectos que le dan a ganar importantes sumas de dinero. A veces recuerda las cosas que imaginaba hacer cuando tuviera dinero pero, por ahora, no tiene tiempo. Duerme mal. Por la noche, pensar en todo lo que tiene que hacer y supervisar al día siguiente le roba el sueño. Con frecuencia afirma que trabaja para dar a su familia todo lo que él deseó, pero no puede disfrutarlo con ella porque nunca le alcanza el tiempo. Incluso los fines de semana están llenos de compromisos sociales y de negocios. En privado confiesa que, a pesar de sus éxitos, a menudo se siente deprimido y tenso.

Características de las personas estresadas

Independientemente de los estresores a que estamos expuestos, existen ciertos tipos de personalidad que parecen más susceptibles a los efectos del estrés, o incluso a generarlo en sí mismos y en otras personas. Por otro lado, también hay personas cuyas características personales las hacen más capaces de afrontar los retos que encuentran en su vida, que resisten mayor presión, se desgastan menos y se recuperan más rápido. Los ejemplos sobran: en la Introducción vimos cómo dos personas atrapadas bajo los escombros en los sismos de 1985 reaccionaron de maneras muy diferentes. Una se entretenía imaginando que al día siguiente aparecería en televisión y la otra creía que se había acabado el mundo. Lo mismo sucede en la vida cotidiana: un mismo evento puede resultar estresante, neutro o agradable para diferentes personas. Pensemos en actividades como hablar en público, manejar en carretera, levantarse en la madrugada para correr 10 kilómetros o resolver un problema matemático, de seguro podremos recordar a personas que disfrutan alguna de esas actividades, se estresan con otras o les da igual. Es por eso que el estudio del estrés no está completo sin dar cuenta de cómo las variables individuales influyen en la manera en que nos afectan y afrontamos los eventos estresantes.

Uno de los primeros estudios que describieron la relación entre estrés y personalidad se publicó en 1959, cuando los doctores Meyer Friedman y Ray Rosenman, después de décadas de investigar el estrés y su relación con los padecimientos cardíacos, definieron las características de la personalidad de tipo A:

- Siempre están de prisa, son impacientes y tienen la sensación de que todo urge.
- Hablan rápido y de modo abrupto, y a menudo interrumpen a los demás o completan las frases de sus interlocutores.
- Son muy competitivas en la mayoría de las áreas de la vida.
- Están orientadas al logro y les importa mucho el estatus.
- Se les percibe como hostiles y agresivas.

David Geer[1] señala que las preocupaciones de quienes poseen personalidad de tipo A giran en torno a tres áreas: el tiempo, el dinero y la mugre.

- Las personas de tipo A necesitan estar a tiempo, temen que se les acabe el tiempo y miden el valor del tiempo (recordemos la máxima norteamericana: *time is money*, o su equivalente en nuestros países: "el tiempo es oro").

Por supuesto que es necesario valorar la puntualidad y la eficiencia. El problema con la personalidad de tipo A reside en que nunca se puede relajar ni simplemente estar sin hacer nada porque esto le parece una pérdida de tiempo. Ese tipo de personas toca el claxon del auto una milésima de segundo después de que la luz del semáforo cambia para exigir que el de adelante se mueva, se impacienta cuando hay que esperar en fila para pagar en una tienda y lleva su celular y laptop a la playa durante sus vacaciones para aprovechar el tiempo. Como resultado, nunca se relaja del todo.

Tratan de compensar su baja autoestima valorándose respecto a lo que ganan, lo que tienen y lo que gastan. Esto suele generar mucho estrés porque a menudo se endeudan para adquirir autos, ropa u otros bienes que les den prestigio y les permitan alternar con personas de mayor capacidad económica.

La búsqueda de estatus y la ansiedad que provoca no alcanzar la posición que creemos merecer es muy común en la sociedad contemporánea. Según Alain de Botton,[2] es el precio que debemos pagar por reconocer la diferencia entre el éxito y el fracaso.

El estatus es la posición que uno tiene ante los demás, su valor e importancia frente a los otros. Poseerlo significa ser tenido en cuenta, recibir invitaciones y halagos, ser visto, admirado y envidiado. Carecer de estatus implica ser ignorado, invisible, un don nadie, un fracasado. En los diferentes grupos humanos el estatus está dado por factores muy diversos. En ciertos grupos de niños, por ejemplo, puede residir en la habilidad para jugar al futbol, y entre adolescentes en la capacidad de atraer al sexo opuesto. Entre los adultos de nuestro tiempo, el estatus está, cada vez más, en función de los ingresos. Sólo nos consideramos afortunados, dice Botton, si tenemos tanto o más que las personas con que trabajamos, consideramos nuestros amigos y nos identificamos en el ámbito público.

Las personas con ingresos elevados tienen acceso a una serie de satisfactores que, en teoría, deberían hacer su vida más feliz. No siempre es así. Las investigaciones que han relacionado la felicidad (o el "bienestar subjetivo") con el ingreso han demostrado, por ejemplo, que si bien los ingresos de los norteamericanos se duplicaron entre 1960 y 1990, el porcentaje de personas que decía ser muy feliz se mantuvo en 30%. Según parece, una vez cubiertas las necesidades básicas el aumento en los ingresos no nos hace más felices.[3]

Por el contrario, cuando el estatus es más importante que el propio bienestar, entramos en un círculo vicioso de estrés y ansiedad para mantener necesidades artificiales. Recuerdo por ejemplo a un vecino que tenía estacionado en la cochera un lujoso auto nuevo que no sacaba porque no le alcanzaba para el seguro. Las elevadas mensualidades que debía pagar lo obligaban a privarse de muchos gustos. Pensemos también en todos aquellos que sienten la necesidad de vestirse solamente con ropa de marcas prestigiosas y sufren para pagarla o en el estrés de los niños forzados a realizar actividades extraescolares todas las tardes y que pierden la capacidad de jugar por puro placer (así como en el estrés de los padres que deben sufragar los gastos que esto implica y convertirse en choferes de sus hijos).

- Por último, a las personas de tipo A les cuesta mucho aceptar la suciedad y el desorden, de modo que difícilmente se relajan pues siempre deben estar limpiando u ordenando.

De nuevo, no tiene nada de malo ser ordenado y limpio. En cambio, vivir para el orden y la limpieza al grado de molestarse cuando cualquier cosa se halla un centímetro fuera de lugar o tiene una brizna de polvo es una tortura para la persona de tipo A y quienes la rodean. Desde una perspectiva más amplia, se trata de individuos perfeccionistas: no toleran el menor error o falla y se angustian si lo que realizan tiene la menor imperfección. Procurar hacer las cosas lo mejor posible es una virtud, pero hay que reconocer que nadie puede hacer todo a la perfección. Michael Jordan, el mejor basquetbolista de todos los tiempos, falló muchas canastas y Pelé erró tiros que parecían goles seguros. No hay un ser humano que nunca haya cometido errores. Se trata de aprender de ellos sin flagelarse por haberlos cometido.

En resumen, la persona de tipo A quiere hacerlo todo mejor que nadie y en el menor tiempo posible. Para ellos ser los primeros, lograr la excelencia y contar con la aprobación de los demás es muy importante y sufren si no lo consiguen.

Varios de estos rasgos corresponden a las personas exitosas, los "triunfadores" que constituyen el ideal de los estratos altos de las sociedades contemporáneas. El problema es que los seres de personalidad tipo A tienen de dos a tres veces más probabilidades de sufrir problemas coronarios (antes conocidos como angina de pecho), ataques cardíacos y muerte súbita que los apacibles y tranquilos tipo B, mucho más dispuestos a relajarse y a tomar las cosas con calma.

¿Quiere decir esto que si somos un tipo A tendremos que pagar el éxito con una vida de tensión y una muerte temprana a consecuencia de un ataque al corazón? ¿Tendremos que renunciar al estatus, buscar una vida sin retos y volvernos conformistas a fin de lograr una vida tranquila? ¿Será que no hay más alternativas que el éxito con estrés o la mediocre tranquilidad?

Las investigaciones posteriores han matizado los hallazgos iniciales de Friedman y Rosenman. Entre los rasgos que caracterizan al tipo A, parece ser que el verdaderamente dañino es la hostilidad. Un estudio demostró que las personas de tipo A que habían obtenido altas puntuaciones en una escala de hostilidad, tenían 50% más probabilidades de tener problemas cardíacos que los de puntuaciones bajas, específicamente coronarios, 20 años después de la aplicación de la prueba.

Al analizar la escala de hostilidad resultó que el cinismo, definido como desconfianza y desprecio a la naturaleza y motivos de los demás, aparecía como el factor de mayor peso. En otras palabras, el cinismo provocaba que las personas de tipo A fueran hostiles y murieran a edades más tempranas, frecuentemente víctimas de enfermedades del corazón.

A estas alturas probablemente estés pensando que tienes muchas características de la personalidad de tipo A. Tal vez supongas que está bien tener prisa, orientarte hacia el logro y ser puntual. No se puede negar que en esta sociedad es importante contar con un ingreso que garantice el acceso a los bienes y servicios que uno siente necesarios. También es cierto que hay ambientes en los que la agresividad resulta necesaria. Todos los rasgos de la personalidad de tipo A están bien, no tienes que enojarte contigo mismo (o conmigo) si los tienes. La clave está en la palabra siempre. No siempre hay que estar de prisa, pelear con el tiempo o tener todo en perfecto orden. No siempre hay que pensar en el estatus y en los logros personales No siempre hay que competir.

Aun en el caso de considerar que tienes todas las características de la personalidad de tipo A, trata de pensar en las excepciones. Recuerda, por ejemplo, un momento de tu vida en el que no tenías prisa, en el que no había nada que hacer, nada que demostrar, nada que lograr. Un momento en el que no tratabas de ganar, en el que estabas totalmente relajado. ¿Cómo se sentía tu cuerpo? ¿Cómo era tu respiración? Recuerda: estamos hablando de un momento. Nadie te pide renunciar a todo para siempre, tan sólo que puedas dejar la prisa, la competencia y el perfeccionismo por un rato.

Vigor y resiliencia

Así como el cinismo aumenta la probabilidad de enfermedades graves en las personas tipo A, hay factores que la atenúan. En 1984 Salvatore Maddi y Suzanne Kobasa estudiaron a personas que parecían tener rasgos de tipo A y elevado nivel de estrés, pero que no presentaban altas tasas de estrés ni de mortalidad. Estas personas, según los investigadores, poseían personalidades vigorosas o robustas (en inglés, *hardy personalities*). Aunque los sujetos con personalidades robustas eran ejecutivos expuestos a situaciones estresantes, tenían una serie de valores que contribuían a su salud:

- Se sentían comprometidos consigo mismos, su trabajo y su familia.
- Tenían la sensación de que controlaban su vida y su trabajo.
- Tendían a ver los cambios como retos y oportunidades de crecimiento y no como amenazas o problemas. Veían las experiencias estresantes y dolorosas como una parte más de la existencia, es decir, no exageraban su importancia.

El compromiso es posible si cada uno se siente responsable de su propia vida. Esto implica darse cuenta de que uno ha tomado decisiones que lo han llevado al lugar en que está y que lo que hace tiene sentido en función de sus propios valores. De esta manera, como decía Víctor Frankl, cada uno encuentra el significado de su propia vida.

La sensación de que uno toma las decisiones importantes respecto a su vida y su trabajo parece ser un antídoto para los efectos negativos del estrés. Numerosos estudios han demostrado que, tanto entre las personas como entre los monos, quienes ocupan un nivel jerárquico menor tienen mayor nivel de cortisol[4] (la hormona relacionada con el estrés). Esto se debe a que su actividad está en función de obedecer, de complacer o cuidarse de otros individuos. Por el contrario, las personas que perciben un control propio de las decisiones relacionadas con su vida y su trabajo, a pesar de hallarse sujetos a numerosas tensiones, se enferman menos.

La responsabilidad y el control no sólo tienen que ver con las grandes decisiones de la vida. Una y otra vez se ha comprobado cómo, en el ámbito laboral, poder tomar decisiones en cuanto al horario de trabajo, el momento en que se toman las vacaciones o hasta las políticas generales de una empresa aumenta el nivel de satisfacción de los trabajadores y la productividad. El sindicato de la BMW, por ejemplo, dispone de un contrato colectivo que impone a los empleados trabajar mucho más de 40 horas a la semana si la producción lo requiere; a cambio, éstos pueden decidir cuándo tomar vacaciones o días de descanso en los períodos de baja producción. Eso ha permitido a la empresa conservar las plantas en Alemania, a pesar de pagar salarios relativamente altos, y al mismo tiempo desplazar a su rival Mercedes Benz en la venta de automóviles de lujo.[5] Lo mismo sucede con el control en el ámbito laboral y familiar: aquellos que toman decisiones se sienten mucho más satisfechos y con menor nivel de estrés que aquellos que perciben que son otros los que deciden por ellos.

El hecho de que algunas personas vean un evento como un desafío a superar mientras que otras lo perciben como una amenaza o una carga se ha relacionado con la *autoeficacia*, definida como las creencias que abrigamos acerca de nuestra capacidad para influir en los eventos que afectan nuestras vidas. Según Albert Bandura,[6] las personas autoeficaces se interesan e involucran en las actividades que eligen, se esfuerzan más al encontrarse frente a dificultades y atribuyen el fracaso a que no hicieron un esfuerzo suficiente o a que no tenían conocimientos o habilidades necesarios para la tarea, pero los pueden adquirir.

Por el contrario, las personas que dudan de sus capacidades tienen pocas aspiraciones y, ante una situación difícil, suelen pensar en sus carencias y en la dificultad de los obstáculos que se les pueden presentar, en lugar de concentrarse en cómo lograr superarlos.

En cada momento evaluamos las situaciones que se nos presentan y nuestra capacidad de afrontarlas. Las personas excesivamente ansiosas suelen percibir que muchos de los retos que la vida les plantea sobrepasan sus capacidades. Tanto su evaluación de las situaciones como la de sus propias habilidades suele ser poco objetiva, ya que acostumbran centrar su atención en lo problemático o difícil que tal vez resulte un evento y ser excesivamente estrictas con ellas mismas, de modo que imaginan escenarios catastróficos. Por el contrario, las personas eficaces suelen percibir los cambios como oportunidades de crecimiento.

Si educamos a los niños de tal forma que los retos que deban afrontar correspondan a sus habilidades y nos centramos más en alabar sus éxitos y pulir sus capacidades que en criticar despiadadamente el más mínimo error, podremos contribuir a la construcción de personalidades vigorosas. Cuando alguien está aprendiendo cualquier actividad nueva los errores son comunes y es mejor enfocar los aciertos, por escasos que sean. Después, cuando la actividad se realice mejor, habrá ocasión de hacer ajustes. Es particularmente importante atender a las diferencias individuales, ya que algunos niños con tendencias innatas a la timidez pueden ser particularmente susceptibles a la crítica negativa.

Lo mismo sucede si los niños sólo se enfrentan a tareas fáciles: se decepcionan rápidamente con el fracaso. Para fomentar la autoeficacia en los niños es necesario que padres y educadores programen tareas que impliquen obstáculos superables mediante la perseverancia, de tal suerte que encontremos algunas dificultades y reveses para aprender que el éxito suele requerir esfuerzo sostenido. Entonces las personas se convencen de contar con las habilidades necesarias para lograr el éxito, perseveran ante los obstáculos y se reponen de los fracasos.

Otra de las características personales que ayuda a afrontar el estrés es la *resiliencia*,[7] es decir, la capacidad de hacer frente a las adversidades de la vida, adaptarse y recuperarse. Las personas resilientes tienen vidas sanas y productivas a pesar de hallarse expuestas a factores de riesgo.

El término resiliencia proviene de la física de los materiales y alude a las cualidades de un resorte: resistir la presión, doblarse con flexibilidad y recobrar su forma original. Aplicado a las personas, el concepto de resiliencia implica además la capacidad de construir una vida productiva a pesar de haber estado expuestas a un nivel de estrés que significaría un riesgo serio. Ser resiliente supone crecer en la adversidad.

Un número significativo de víctimas de estrés traumático, por ejemplo, reporta consecuencias positivas después del evento, como volverse más sensibles al sufrimiento de los demás, apreciar la vida y dedicarse a lo que realmente les interesa.

Una de las preguntas más frecuentes que suelen plantearse es si nacemos con una personalidad de tipo A o es el medio ambiente el que nos hace competitivos, impacientes y agresivos. De la misma forma, podemos preguntarnos si la personalidad vigorosa o la resiliencia se heredan o se adquieren.

Para empezar habría que apuntar que la personalidad es el conjunto de características tanto adquiridas como heredadas que hacen a cada individuo único. Entonces, ¿nacemos con características del tipo A o éstas se adquieren? No cabe duda de que las modernas sociedades urbanas valoran considerablemente la orientación al logro, la competitividad, la búsqueda de estatus y la prisa. Tales actitudes se fomentan desde la escuela, en donde podemos encontrar niños muy pequeños preocupados por obtener el primer lugar en aprovechamiento o con un interés desmedido en ganar las competencias deportivas a una edad en la que es más importante sólo jugar. Por supuesto, los padres a menudo hacen sentir a sus hijos que su valor está en función de sus logros académicos, deportivos y artísticos, y los presionan para que sean ganadores.

De todas formas, la mayoría de los expertos estaría de acuerdo en la existencia de tendencias innatas (que constituyen el llamado temperamento) que se pueden desarrollar o no dependiendo del ambiente. Hace unas décadas, por ejemplo, cuando se hablaba de una característica genética se pensaba en que estábamos predestinados por la herencia a tener los ojos de cierto color, una estatura, un coeficiente intelectual y una predisposición a contraer enfermedades terribles ya determinados. En la mayoría de los casos no es así. Si bien existen algunas características heredadas inmutables, la mayoría de ellas se activa, aumenta o disminuye como resultado de la interacción con el ambiente. Como señala Matt Ridley:

> No somos un cerebro que gobierna un cuerpo activando hormonas. Tampoco somos un cuerpo que gobierna un genoma accionando los receptores hormonales. Tampoco somos un genoma que gobierna un cerebro activando genes que activan hormonas. Somos los tres a la vez.[8]

En lo que se refiere específicamente al estrés, podemos nacer con una propensión al comportamiento de tipo A, lo cual nos hace adoptar un estilo de vida que nos estresa más y, por lo tanto, nuestro cortisol aumenta persistentemente y eso nos vuelve más irritables y ansiosos; de este modo se refuerza sucesivamente el círculo vicioso del estrés crónico. Incluso las funciones y estructura de nuestro cerebro se pueden modificar, por lo que cualquier tendencia innata a generar y padecer estrés crónico se puede modular.

Quien conozca algo del comportamiento típico de las diferentes razas de perros, estará de acuerdo en que algunas se caracterizan por ser más inquietas, agresivas o nerviosas. A la vez, cada perro tiene su propio temperamento, como sabe todo aquel que haya tenido una hembra que parió en su casa y haya observado que, en una misma camada, unos cachorros son más inquietos, agresivos o dominantes que otros. Así pues, podríamos concluir que hay perros que nacen con personalidad de tipo A y otros con características de tipo B. Sin embargo, recuerdo a una familia, en la que a menudo hay gritos y golpes, cuyo labrador –raza que no suele ser agresiva– ha mordido a tres personas. Entonces, ¿se trata de un representante atípico de su raza, uno entre mil labradores con propensión a morder, o fue la familia la que lo hizo agresivo? Tanto entre los hombres como entre sus mejores amigos, en cada caso la proporción en que la personalidad tipo A está determinada por el medio y por la herencia puede variar, pero en todos los casos ambos factores están presentes.

Esto quiere decir que tal vez nacemos con una propensión hacia los rasgos de personalidad de tipo A, pero que aun así podemos aprender a comprometernos con nuestro trabajo, a tener cada vez más control sobre nuestras vidas y a ver los cambios como oportunidades de crecimiento y no como amenazas.

Todavía hay mucho que aprender respecto a cómo construir personalidades resistentes, ser autoeficaces o desarrollar la resiliencia, pero no cabe duda de que todas estas características se fomentan si en los primeros años de vida los infantes cuentan con el cariño y la atención de los mayores.

Un niño se vuelve seguro si la persona que lo cuida percibe adecuadamente sus estados de ánimo y responde a sus necesidades y estados mentales, de tal modo que atenúe su sufrimiento y aumente su gozo.

Cuando la madre y otras personas encargadas del cuidado de un pequeño se convierten en una base segura desde la cual éste puede explorar el mundo y en un refugio al que puede acudir en momentos de peligro o sufrimiento, crece con la creencia de que merece y puede lograr cariño y atención y que las personas cercanas son confiables. Diferentes investigaciones han encontrado que los niños que crearon un vínculo seguro con sus madres desarrollan una "inteligencia emocional" que les ayuda a relacionarse de modos más flexibles, eficientes y positivos con los demás. El apego seguro también contribuye significativamente a construir personalidades vigorosas y resilientes.

Y ¿qué hacer con los adultos? ¿Podemos convertirnos en personas vigorosas y resilientes? ¿Es posible construir una personalidad resistente al estrés pasados los primeros años de la vida?

La calidad de vida, según afirma Mihaly Csikszentmihalyi no depende de lo que hacemos sino de *cómo* lo hacemos. Si prestamos cuidadosa atención a las actividades que realizamos en nuestra vida cotidiana, seguramente podremos encontrar que hay actividades que nos relajan y otras que nos ponen tensos, que nos sentimos más comprometidos en algunas de ellas y que otras nos importan poco. De igual manera, nos podemos dar cuenta de que es posible ejercer al menos cierto grado de control sobre algunos aspectos de nuestra vida y afrontar exitosamente algunas tareas. Por eso el autor mencionado recomienda prestar mucha atención a lo que hacemos cada día, para advertir cómo nos sentimos en diferentes lugares, actividades y horas del día, ya sea solos o acompañados.[9]

El paso siguiente para cambiar una personalidad propensa al estrés consiste en aprender a relajarnos aun estando expuestos a situaciones estresantes. De esto nos ocuparemos en el capítulo 4.

Después de leer las características de las personas vigorosas, ¿piensas que no tienes ninguna de ellas, que no tienes remedio? Ve dentro de ti mismo y deja que vengan los recuerdos. ¿En qué actividades te has sentido verdaderamente comprometido? Tal vez se trata de algo que ahora parece no tener importancia, pero que en su momento era lo que más te gustaba hacer. ¿Hay algo que te impida hacerlo en esta etapa de tu vida?

Tal vez sea difícil encontrar en el pasado actividades en las que experimentaste bienestar o pienses que, a tu edad y en otras circunstancias, ya no puedes hacerlas; pero si te tomas un tiempo podrás ver que hay cosas que te gusta hacer. Se trata de actividades que son placenteras en sí mismas. No tienen que ser cosas especiales o extraordinarias. Lo importante es que te preguntes: ¿Qué es lo que me hace sentir realmente bien? Entre mis actividades, ¿cuáles son las que para mí realmente tienen sentido? ¿Cuáles me relajan? ¿Cuáles son las que me dejan en verdad satisfecho?

Bibliografía

1. En http://nj.essortment.conm/typeapersonal_rgcc.htm, 30 de agosto de 2004.
2. En su libro *Ansiedad por el estatus*,Taurus, Madrid, 2004.
3. Estos datos se tomaron del libro de Mihaly Csikszentmihalyi, *Aprender a fluir*, Kairós, Barcelona, 3a. ed., 2003.
4. Los datos se encuentran en Matt Ridley, *Genoma. La autobiografía de una especie en 23 capítulos*, Taurus, Madrid, 2000.
5. Los datos de la BMW aparecieron en *Newsweek en Español*, 23 de agosto de 2004, pp. 38 y 39.
6. Sobre autoeficacia consultar Albert Bandura, *Self efficacy* en www.emory.edu/education/mpf/BanEncy.html (consultado el 21 de septiembre de 2004).
7. Sobre resiliencia consultar Kotliarenco y colaboradores, "Estado del arte en resiliencia", en www.adolec.org/pdf/resl6X9.pdf.
8. Cita tomada de Matt Ridley, *Genoma…*, *op. cit.*
9. Mihaly Csikszentmihalyi, en *Aprender a fluir*, *op. cit.*, pp. 63 y 64.

CAPÍTULO 4

Peleando contra nosotros mismos

El soldado que nunca se rindió

Hace 30 años leí una noticia extraordinaria: un soldado japonés, que no se enteró del fin de la segunda guerra mundial, había abandonado la lucha. Desde entonces he recordado la historia a menudo y me ha servido para mostrar cómo las guerras dejan heridas, tanto individuales como familiares y colectivas, que tardan mucho en sanar. La historia del soldado que nunca se rindió es también una metáfora adecuada para explicar cómo los conflictos que se llevan a cabo en nuestra mente pueden persistir cuando ya no tienen sentido.

Más de 29 años después de que Douglas MacArthur, comandante supremo de las fuerzas aliadas en el Pacífico y Mamaru Shigemitsu, ministro de Relaciones Exteriores del Imperio japonés, firmaron el documento que terminaba formalmente con la segunda guerra mundial en el Pacífico, el teniente Hiroo Onoda, que había permanecido todo ese tiempo oculto en la selva de la isla de Lubang, en las Filipinas, finalmente se convenció de que la guerra había terminado y depuso las armas.[1]

En 1944, Onoda y sus compañeros recibieron órdenes de mantenerse en combate hasta el último hombre y esperar, años si era necesario, a que el ejército de su país regresara por ellos. Onoda y otros tres soldados resistieron y continuaron una guerra de guerrillas. Uno de ellos dejó al grupo en 1950, y se reintegró a la vida civil. Otros dos murieron, como resultado de enfrentamientos con la policía o pobladores locales. Al final, Onoda se quedó solo.

En 1974, un estudiante japonés encontró a Onoda, que le informó que estaba esperando órdenes de sus superiores. Unos días después, el estudiante regresó con el mayor Taniguchi, que había sido superior de Onoda. El oficial le ordenó presentarse ante él y Onoda salió de la selva con su rifle, 500 cartuchos y algunas granadas. Aceptó que la guerra había terminado, entregó sus armas a Taniguchi y lloró como un niño. Nunca se rindió a un enemigo que ya sólo existía en su mente.

En Japón, y en el resto del mundo, Onoda fue considerado un héroe, ejemplo de lealtad, valor y amor a su país. Le fue muy difícil adaptarse a la vida civil y a los cambios ocurridos en su país.

Por extraordinario que parezca su caso, no fue el único. Después de la rendición de Japón, en las islas del Pacífico quedaron aislados muchos soldados japoneses que no se enteraron del fin de la guerra. En algunos casos, aun cuando los militares estadounidenses, pobladores locales o familiares trataron de convencerlos del fin de las hostilidades, no quisieron o no pudieron creer que la guerra había terminado.

En 1980 el último combatiente japonés de que tengamos noticia, Fumio Nakahira, fue descubierto en la isla de Mindoro, Filipinas.

La mayoría de los militares y civiles cuyos países se ven envueltos en una conflagración *saben* cuándo termina una guerra, pero al mismo tiempo, partes de ellos reaccionan en ocasiones *como si* la guerra siguiera. De hecho, no es necesaria una guerra entre dos países para que existan personas que siguen luchando en contra de enemigos que sólo existen en su imaginación o en su recuerdo. La vida cotidiana de muchos hombres y mujeres está llena de conflictos que parecen no tener solución porque las partes siguen peleando y ninguna tiene intención de rendirse. Se pierde mucha energía y tiempo en conflictos que tal vez tuvieron sentido en otro tiempo y lugar, pero que en el presente sólo ocasionan desgaste y sufrimiento innecesario. La historia de los soldados japoneses que continuaron su propia guerra en las islas del Pacífico es la de muchos hombres y mujeres. No se puede cuestionar su lealtad inquebrantable a ciertos principios, su resistencia y su valor, pero por algún motivo se han cerrado a la información del exterior y siguen en pie de guerra. Como Onoda, deben aceptar que los tiempos han cambiado y la realidad es otra. Tal vez lloren como el teniente japonés y es posible que las lágrimas expresen, entre otras emociones, un profundo alivio. Sin duda merecen honores.

En su mente, Onoda seguía en guerra con el ejército de Estados Unidos; sin embargo, para la mayoría de los combatientes, el enemigo está más cerca de casa. Las peleas interminables entre esposos, padres e hijos, hermanos y parejas recuerdan la saga de los combatientes japoneses y en ocasiones duran más.

Pablo y Luis, por ejemplo, suelen discutir airadamente cuando se encuentran en las comidas familiares: cada hermano quiere convencer al otro, y convencerse, de que él fue el preferido de su padre, que murió 12 años atrás. Por su parte, Javier tiene celos del primer novio de su esposa después de 20 años de casados. Él mismo trae al presente el recuerdo de la antigua pareja de su mujer y la hostiga con interrogatorios cada vez que supone que ella piensa en él. Es un hombre de casi 50 años compitiendo en su mente con la imagen de un joven de veintitantos.

Detente unos minutos en cada una de las preguntas que aparecen a continuación. No trates de contestarlas de inmediato. Deja que la respuesta venga de tu interior y, por favor, no pelees con la respuesta que venga, sea lo que sea. Sólo obsérvala:

¿Hay alguien con quien peleas a menudo? ¿Por qué pelean? Puede ser que la primera respuesta que venga a tu mente sea que la otra persona se equivoca y tú tienes la razón. ¿Sientes la obligación de ser fiel a tu verdad y demostrarle su error a costa de lo que sea? ¿Estarías dispuesto a pelear en tu propia selva durante 30 años? ¿Vale la pena? ¿Nunca vas a ceder? ¿Esperas que el tiempo, la solidez de tus argumentos o tu persistencia te den el triunfo?

¿Qué es lo que más te molesta de tu adversario? De nuevo, permite que la respuesta venga de tu interior. Es muy probable que surja más de una respuesta en forma de recuerdo, imagen o sensación corporal. Eso que tanto te irrita de esa persona, ¿lo tienen o lo han tenido otras personas importantes en tu vida? ¿Lo tienes tú?

¿De qué modo contribuyes a que ese conflicto no se acabe? Si consideras que el otro tiene 95% de culpa de las dificultades entre ustedes, ¿puedes ver tu parte?

¿Qué tratas de demostrar? ¿Qué pretendes conseguir? ¿Tiene sentido seguir con esa guerra? ¿Hay algo que te haga falta para deponer las armas? Tal vez necesites rendirle honores a esa parte tuya que se mantuvo en pie de guerra durante tanto tiempo. Hizo lo mejor que pudo. Luchaba por algo que, en su momento, era de vital importancia para ti. Ahora debe salir de la selva y entregar sus armas.

En la mayoría de los casos, si no es que en todos, las peleas con otras personas se hacen más intensas porque tocan un conflicto interno. En su interior, tanto Pablo como Luis tienen dudas acerca del cariño de su padre. Si cualquiera de ellos estuviera seguro de ese afecto, o mejor aún, si aceptara lo poco o mucho que recibió de él, no se enfrascaría en agrias peleas con el otro. Javier nunca ha estado seguro de su propio atractivo y no se da cuenta de que es él mismo quien invoca el recuerdo del antiguo compañero de su mujer. Es difícil cambiar a los otros. Quizá Pablo y Luis nunca se pongan de acuerdo, pero si pudieran ver que la verdadera pelea se lleva a cabo en su cuerpo y en su mente y que probablemente no tiene sentido seguir luchando, sin duda se ahorrarían mucho sufrimiento innecesario.

Muchas veces ni siquiera es necesaria la presencia de un enemigo externo, aparente o real, para que haya conflicto. En su interior las personas pelean, contra sus emociones, contra su pasado o su sexualidad. Todos tenemos la experiencia de que dentro de nosotros dos o más voces discuten, a veces interminablemente. Es como si hubiera diferentes partes de nosotros mismos con valores e intereses diferentes. Tal como sucede cuando alegamos con otras personas, las diferentes subpersonalidades que viven en nuestro interior se interrumpen y, a veces, ni siquiera se escuchan.

El cochero y los caballos

Uno de los conflictos más frecuentes es el que ocurre entre la razón y las emociones. Desde hace siglos, en la cultura occidental la razón, el pensamiento, el lenguaje y la memoria son considerados "funciones mentales superiores", mientras que las emociones son algo que tenemos en común con los animales irracionales. Decir que alguien es muy emocional implica que tiene poco control de sí mismo, que es inestable o hasta explosivo y que no se puede confiar en él.

La desconfianza con que la razón mira a las emociones no es nueva. Hace 25 siglos Platón comparó el alma humana con las fuerzas combinadas de un cochero y un par de caballos. El auriga representaba a la razón. Para conducir su coche contaba con la colaboración de un corcel excelente, de buena raza, que tendía hacia el cielo y debía dominar a otro muy diferente: ligado al cuerpo, vicioso, alborotado, inclinado a los placeres sensuales y que sólo se doblegaba a fuerza de la espuela y el látigo. La metáfora no era nueva: la encontramos en un texto que probablemente fue escrito 3500 años a.C.: el Katha Upanishad,[2] Atman[3] es el cochero que debe viajar por los laberintos del deseo. Si la mente del cochero está bajo control, sus dóciles caballos (los sentidos) obedecen al menor tirón de las riendas, y si le falta discernimiento, sus caballos son inmanejables. En ambos casos una parte de nosotros (la razón para Platón o el Atman para los hindúes) debe luchar para conducir a otra mucho más fuerte, animal (los impulsos y los deseos).

Las ideas de Platón respecto a una parte mala del alma humana han formado parte de la civilización occidental desde sus orígenes en Grecia y Roma. Dejarse llevar por las emociones equivalía a que los impulsos del corcel malo condujeran el carro a un destino incierto. Por eso el hombre prudente y racional debería evitar situaciones en que las emociones podrían desbordarse. En una reunión de masas, por ejemplo, las personas pierden su individualidad, se entregan a sus emociones, se vuelven impresionables, incapaces de razonar, carecen de juicio y actúan como "seres pertenecientes a formas inferiores de evolución, como son el salvaje y el niño", decía Gustave Le Bon, un célebre autor del siglo XIX, y añadía: "las masas son siempre femeninas, pero las más femeninas de todas son las latinas".[4] Estas ideas, que todavía comparten muchas personas en el siglo XXI, nos dan una idea clara de algunos de los prejuicios en torno a las emociones: dejarse llevar por las emociones es propio de niños, salvajes, mujeres y pueblos "inferiores". Y por el contrario, los hombres civilizados deben ser racionales y controlados.

La verdad es que no podríamos vivir sin emociones. En la gran mayoría de las ocasiones y a la mayoría de las personas las emociones les sirven como una movilización para afrontar todo aquello que tiene importancia en su vida, dice Paul Ekman, que ha estudiado el tema durante los últimos 50 años. Ciertamente la expresión explosiva e incontrolada de las emociones nos puede meter en graves problemas, pero la carencia de ellas empobrece nuestras vidas a un grado difícil de imaginar. Para regresar a la metáfora de Platón, sin los caballos, el coche sencillamente no se mueve. Por supuesto, un caballo desbocado nos puede conducir a un grave accidente, pero la mayor parte de las veces no es así. Tampoco es cierto que la única forma de controlar las emociones destructivas –el caballo malo– sea doblegándolas a fuerza de sufrimiento, látigo en mano. Al contrario, uno de los efectos negativos de intentar suprimir las emociones con violencia puede ser generar mayor violencia.

Las emociones prohibidas

En cada cultura y al interior de todas las familias aprendemos cuáles emociones se pueden mostrar y cuáles no. Nos enseñan que sólo algunas emociones son propias de los hombres o de las mujeres y en qué ocasiones es adecuado expresarlas. En palabras de Paul Ekman, aprendemos quién puede mostrar qué emoción, cómo la puede expresar, a quién y en qué contexto. Una buena parte de este aprendizaje se realiza en los primeros años de la vida, de modo no totalmente consciente. Antes de que nuestros padres y otros familiares nos hablen acerca de cuáles son las emociones que se pueden expresar y cuál es la manera de hacerlo, aprendemos de sus actitudes. Percibimos su incomodidad o disgusto ante determinados sentimientos y eso influye más en nosotros que lo que nos dicen de ellos. De esta forma, en cada familia hay un código que determina qué emociones son permitidas y cuáles están prohibidas. Es como si en cada hogar hubiera uno o varios letreros que dicen, por ejemplo:

Tristeza y melancolía, fuera de la casa mía
(prohibidas las lágrimas).

En el capítulo 2 vimos cómo en la casa de Estela siempre debía reinar la alegría. Cuando se reunían contaban anécdotas divertidas y chistes, y no faltaba quien tocara algún instrumento para que todos cantaran. En verdad eran alegres, y no estaban dispuestos a aceptar que en la vida de todo el mundo hay momentos tristes. Nadie puede escapar a la enfermedad, la vejez y la muerte; pero ésos eran temas prohibidos en esta familia. Cuando su primo Jaime enfermó de cáncer la mayoría de su parentela prefería evitar el tema o en último extremo comentaba que estaba "un poco malito". A su muerte, casi dejó de hablarse de él. Las únicas referencias al primo pregonaban que ya se encontraba feliz en el cielo. Trataban de seguir alegrando sus reuniones con chistes y canciones pero el gozo era falso. Todos lloraban por dentro. Tal vez por eso el alcohol empezó a circular más en las fiestas de la familia y por eso mismo algunos de sus miembros dejaron de ir a las reuniones. Si se hubieran permitido experimentar la tristeza, habrían recuperado la alegría más pronto.

Hace casi 30 años que trabajo ofreciendo capacitación en el área de relaciones humanas y manejo de estrés. Cuando un participante llora porque alguna de las experiencias estructuradas de grupo[5] le hizo recordar algo doloroso, a menudo pide disculpas a los demás participantes y trata de controlarse. Muchos instructores, al referirse al llanto de un integrante del grupo, señalan que "se quebró". Incluso en las sesiones de psicoterapia, cuando las personas hablan de un asunto doloroso, a menudo dicen que no quieren llorar.

¡Si hay un lugar y un momento adecuado para expresar las emociones, ése es el consultorio del terapeuta! Imagino que en casa de cada uno de los que pelean con su llanto también había letreros que prohibían las lágrimas.

Los científicos han encontrado que las lágrimas vertidas como resultado de una emoción tienen una composición química diferente a la de aquellas que normalmente secretamos todo el tiempo con el fin de lubricar los ojos. Debido a que contienen cortisol, la hormona del estrés, se ha pensado que las lágrimas que derramamos cuando estamos emocionados pueden ser una forma de expulsar el exceso de cortisol del cuerpo.

La tristeza, por supuesto, no es la única emoción que se puede prohibir. En casa de Claudia se observaba siempre esta máxima:

Aquí nadie se enoja. El que se enoja pierde
y además, enojarse es de mala educación.

Sus padres tenían la idea de que había que educar a los niños como pequeños *lords* ingleses: siempre obedientes, con buenos modales. Realmente nunca habían estado en Inglaterra, pero en algunas películas habían visto la compostura imperturbable de los nobles británicos y la admiraban. Claudia y sus hermanos debían ser niños buenos y los niños buenos nunca se enojan. En su casa el enojo resultaba inadmisible. Sólo la gente corriente se enojaba, y únicamente los niños groseros y malagradecidos lo hacían. Qué duda cabe de que se trataba de personas muy bien educadas. Lo malo es que tanto Claudia como sus hermanas Verónica y Fabiola se casaron con personas que las dominaban por completo. Como no eran capaces de alzar la voz y les intimidaba cualquier muestra de agresión, por pequeña que fuera, se sometían a todo lo que ordenaban sus cónyuges. La prohibición de enojarse, aun en defensa propia, sin duda tuvo que ver con que Luis, su hermano, fuera blanco de todo tipo de abusos en la escuela y se casara con una mujer que gritaba como guardia de campo de concentración. Sin duda, tragarse el enojo también contribuyó a la colitis de Claudia.

En esta casa reina la nostalgia.
Toda manifestación de alegría será mal vista.

En el capítulo 2 describimos también cómo en casa de Nuria se respiraba un ambiente de nostalgia por la patria y la guerra perdidas. En más de 25 años de trabajo como psicoterapeuta he encontrado este ambiente de añoranza en muchas familias de exiliados. Muestran incapacidad para disfrutar plenamente la vida en el lugar en donde viven ahora y sentimientos encontrados respecto al hecho de haber dejado el lugar donde nacieron. Por un lado sienten culpa tanto por los que se quedaron, que quizá la pasaron muy mal o tal vez no sobrevivieron, como por no haber sido capaces de cambiar las cosas y, por otra parte, idealizan el país donde crecieron. Quisieran regresar en el tiempo y el espacio, pero obviamente no es posible, de modo que se encuentran atrapados entre un pasado sobrevaluado y un presente que no asumen por completo.

Pero las familias de exiliados no son las únicas en que reina la nostalgia. La migración de la provincia a la capital, la muerte de un miembro de la familia, el paso del tiempo o la pérdida de una fortuna familiar que suele ser mayor en el recuerdo de lo que fue en realidad pueden ser suficientes para que una familia viva en el pasado o en un lugar diferente del que realmente ocupa. De esta forma, las nuevas generaciones cargan con los duelos de los viejos.

Las personas que crecen en un ambiente donde se prohíbe la expresión de alguna emoción creen que si se atreven a sentirla las consecuencias serán terribles. Imaginan, por ejemplo, que si se permiten llorar, su llanto no terminaría nunca y se hundirían en una depresión, o que si dejan crecer su coraje matarían a alguien. Como el caballo malo de Platón, la emoción prohibida, libre al fin, provocaría una volcadura en el carro del alma. En la mayoría de las ocasiones esto no es así. Cuando alguien se da la oportunidad de sentir una emoción suprimida durante mucho tiempo suele sentir un gran alivio.

Algunos estudiosos de las emociones las han clasificado en positivas y negativas, y por supuesto es más frecuente que las personas busquen inhibir la expresión de aquellas consideradas negativas. Paul Ekman, sin embargo, afirma que esa clasificación no tiene sentido. Cada una de las emociones es útil en determinadas circunstancias. Hay momentos en que tener miedo, por ejemplo, puede salvar nuestra vida. En muchas ocasiones sólo el enojo nos puede dar la fuerza necesaria para cambiar una situación. Hay quienes disfrutan películas que les asustan o buscan aquellas que les provocan tristeza. En la vida de la mayoría de las personas ciertos eventos provocan que cada una de sus emociones despierte, y suprimirlas en todo momento tiene un costo elevado.

Esto no quiere decir que esté proponiendo que todas las emociones se expresen de cualquier forma en el momento que sea, sino que hay que encontrar un momento adecuado para dejarlas salir. Tan dañino es dejar que las emociones se expresen sin control como nunca expresarlas. Sin duda vivimos en tiempos de falta de control de los impulsos y las altas tasas de asesinatos, accidentes automovilísticos y otros hechos violentos dan cuenta de ello; sin embargo, el estrés crónico suele presentarse en quienes mantienen un exceso de control. De la misma manera que uno no se permite aliviar sus necesidades fisiológicas mientras espera en la fila de un banco, sería mejor no ponerse a llorar o montar en cólera en ese lugar, pero nadie en su sano juicio insinuaría que uno debe aguantarse las ganas de ir al baño para siempre. Tampoco tiene sentido suprimir eternamente una emoción. Es importante distinguir entre sentir una emoción y las diferentes formas de expresarla. Todos tenemos derecho a experimentar ira, tristeza o alegría, pero existen formas de expresarlas que pueden ser aceptadas o no.

La expresión de las emociones no es lo único prohibido en algunas casas: también hay familias que no permiten hablar de ciertos temas, o si hablan de ellos, los tratan de forma distorsionada. La sexualidad sigue siendo, aún en el siglo XXI, uno de los temas tabú. Ya no es común no hablar de sexualidad pero las conversaciones en torno al tema a menudo se hallan cargadas de prejuicios. Con frecuencia he escuchado cómo a muchas mujeres, o incluso niñas, las insultan en su propia casa, llamándolas putas a la menor muestra de sensualidad. La herida que esas palabras dejan, sobre todo si las profieren los padres, puede dejar huellas que impidan disfrutar plenamente de la intimidad con su pareja muchos años después.

Imagina que viajas en el tiempo y el espacio hasta la casa donde vivías cuando tenías seis u ocho años. Observa cuál es la sensación general al entrar ahí. ¿Cuáles eran las emociones permitidas y cuáles estaban prohibidas? Si piensas en la emoción prohibida, ¿cómo se siente tu cuerpo? ¿Cómo es tu respiración? ¿Hay alguna parte que parezca contraerse o detenerse? Es posible que ni siquiera se hablara de lo que estaba prohibido sentir, pero se respiraba en el ambiente. Las actitudes de los padres y otras personas mayores mostraban, en los hechos, cuál era el estado de ánimo correcto.

En ese entonces, para vivir en esa casa, era necesario suprimir ciertas emociones y conductas. Hiciste bien en adaptarte a esa situación. Hiciste lo mejor que podías. Eras pequeño(a). No podías hacer más. Despídete de esa escena. Ahora tienes recursos de los que no disponías antes. Tienes más experiencia. Comprendes cosas que no podías entender en ese tiempo. ¿Esas creencias respecto a lo que se permite o no, te sirven ahora? Deja en el pasado aquellas creencias y prohibiciones que ya no te sirvan, como quien tira ropa vieja que está en mal estado y además ya no te queda. Observa si al dejarlas atrás sientes algún alivio. ¿Hay cambios en la respiración? ¿Tu cuerpo se siente diferente? Regresa al presente.

Algunas veces podemos recordar cómo y cuándo nos prohibieron la expresión de determinada emoción, pero otras no. Los letreros son invisibles. Esto no quiere decir que no estén grabados profundamente en nuestra mente. Más allá de las palabras, las actitudes nos han informado cuáles son las emociones permitidas y cuáles las que parecen amenazar los fundamentos de nuestra familia. También es posible que las prohibiciones hayan empezado a una edad tan temprana que nuestra capacidad de comunicarnos mediante el lenguaje no estaba suficientemente desarrollada. Por eso muchas de las normas que regulan la expresión de las emociones no son del todo conscientes. Forman parte de nuestra memoria implícita. Esto quiere decir, como vimos en el capítulo 2, que no las recordamos de modo que podamos hablar de ello, pero es evidente, por nuestra forma de comportarnos, que las prohibiciones están ahí. Las prohibiciones no sólo se refieren a las emociones, sino a todo aquello que parece amenazar el orden, la tranquilidad de las familias.

El ejemplo de cómo Julio negaba su sexualidad, puede aclarar este punto. A sus 27 años, a pesar de ser bien parecido, Julio nunca había tenido novia. Pensaba que era tiempo de encontrar una buena muchacha, pero no conocía alguna que le gustara. Lo sorprendente era que trabajaba como maestro en una universidad de la Ciudad de México, donde tenía y había tenido cientos de alumnas. Cuando le pregunté si ninguna de sus alumnas le gustaba, me contestó casi enojado: "¡Pero si son unas niñas!" Estaba hablando de mujeres entre 18 y 22 años de edad, jóvenes, pero de una edad compatible con la suya. El hecho es que durante los dos años que llevaba dando clases, no había visto más que niñas. Realmente no las había mirado. Seguramente un hombre menos inhibido habría encontrado decenas de chicas atractivas.

Julio no recordaba ninguna prohibición explícita en torno a la sexualidad. Es más, decía que en su familia no se hablaba de eso, pero que eran muy abiertos. En las paredes de su casa colgaban pinturas de santos o vírgenes y una última cena. Tenía aspecto de seminarista y sus hermanas parecían monjas, aunque ninguno de ellos había ingresado en órdenes religiosas. No recordaba haber visto muestras físicas de afecto entre sus padres, o haber recibido alguna. El hecho de que no se permitía ningún tipo de placer sensual era evidente en su conducta. Su cerebro ni siquiera registraba el atractivo de las mujeres. Así es muy difícil encontrar una novia.

Que la sexualidad se reprima en el siglo XXI puede causar sorpresa, pero si miramos con detenimiento podremos advertir que en esta época de exhibición y culto del cuerpo y de mucho mayor apertura para abordar temas relacionados tanto entre las personas como en los medios de comunicación, con frecuencia se confunde la "sofisticación sexual" con la verdadera libertad y aceptación del cuerpo. La expresión "sexualmente sofisticada" fue utilizada por el doctor Alexander Lowen para designar a una persona que puede tener muchos encuentros eróticos pero no experimenta verdadero gozo y satisfacción, pues para ella, más importante que sentir el cuerpo, es poseer un cuerpo hermoso según los cánones aceptados, un vestuario que resalte su atractivo y tener conocimientos acerca de posiciones y técnicas sexuales. El cortejo y la relación sexual son, para la persona sexualmente sofisticada, actuaciones en las que quedar bien está por encima de gozar plenamente la intimidad con la pareja. Lowen escribió acerca de la diferencia entre las personas sexualmente maduras y las sofisticadas en 1967,[6] a partir de su experiencia con pacientes norteamericanos, pero sus palabras resultaron proféticas. El auge de la pornografía, la alarmante explotación sexual infantil y la frustración sexual de la que sólo se habla en privado hablan de que la sofisticación sexual es a la vez represión y ostentosa distorsión del verdadero gozo.

No pretendo hacer una lista exhaustiva de todo lo que se puede prohibir en una familia, pero no quiero dejar de mencionar la libertad de movimiento. El peligro percibido en las calles y áreas públicas ha provocado que el juego de muchos niños y niñas se vea cada vez más restringido a la casa; los movimientos expansivos y gozosos de los niños son suprimidos por dos factores, entre otros: la estrechez de las viviendas medias y de interés social en que vive la mayoría de las personas en las grandes ciudades y por la intolerancia de los mayores –que después de una dura jornada de trabajo y horas perdidas en el transporte para regresar a casa no soportan a sus hijos. Los niños en esos ambientes se parecen a los animales cautivos en zoológicos anticuados. No les queda más que deprimirse y volverse adictos a los videojuegos o la televisión y dar vueltas como fieras enjauladas.

Rubén, por ejemplo, creció en uno de esos departamentos. Vivía con su madre, hermanita, tío y abuelos en un espacio reducido. El abuelo llegaba cansado de trabajar y se ponía a leer el periódico o a oír noticias por la radio. No soportaba el ruido que Rubén hacía si corría o jugaba con la pelota, por lo que éste debía ser un niño quieto y silencioso. Además el departamento era tan pequeño que aun en ausencia del abuelo, Rubén no alcanzaba a correr más de unos pasos sin toparse con una pared o un mueble. Jugar en la calle era imposible porque la familia de Rubén vivía junto a una vía rápida en la que a menudo ocurrían choques y atropellamientos. Para agravar las cosas, Rubén era un niño muy alto, que apenas podía extender sus brazos sin topar con un muro o un adorno de los muchos que su abuela atesoraba por toda la casa. Si brincaba, probablemente su cabeza daría con una lámpara. A pesar de su tamaño, aprendió a ocupar el menor espacio posible. Se sentaba encogido, con manos y pies cruzados. Parecía un animal enjaulado y, cuando no podía más y paseaba de ida y regreso por el pequeño pasillo del departamento, nunca faltaba un adulto que le gritara: "¡Estate quieto, ya me tienes harto!"

Para sobrevivir a la prohibición de una emoción, la expresión de la sexualidad, el movimiento o cualquier otra situación, los niños deben negar una parte de su ser. Esto necesariamente implica una lucha al interior del cuerpo, en donde existe un impulso a hacer o sentir lo prohibido y una serie de alteraciones de diferentes músculos y órganos que se contraen para impedir no sólo expresar sino sentir aquello que se prohibió. En consecuencia, el organismo no funciona de modo unitario y armónico. Esto produce a su vez desgaste y disfunciones en el cuerpo y la mente que conducen al estrés crónico. Regresando a la alegoría de Platón, es como si cada caballo tuviera la intención de correr en una dirección diferente y el cochero fuera presa de sentimientos encontrados y confusión. El resultado es que ninguno acaba por llegar a donde quería, se desperdicia mucha energía y el coche se deteriora inútilmente.

Características de las emociones

En los últimos años los científicos han aprendido mucho acerca de las emociones. El trabajo conjunto de filósofos, neurólogos y psicólogos sociales, especializados en el desarrollo de la personalidad, en procesos cognitivos y en psicoterapia, nos ha llevado a usar la razón para entender las emociones. En lugar de tratar de dominar los caballos de las pasiones por medio del látigo, el auriga puede emplear la ciencia para entenderlos.

Los expertos definen las emociones como una forma de evaluación automática y muy rápida, basada en nuestro pasado evolutivo, que incluye evaluaciones, procesos fisiológicos, tendencias a actuar de determinada manera, expresiones faciales y vocales, cambios posturales y sentimientos subjetivos.[7] Durante mucho tiempo los investigadores se preguntaron qué venía primero, la respuesta fisiológica, la evaluación consciente o inconsciente del estímulo, la expresión facial o el movimiento. En realidad, cualquiera de los elementos que componen una emoción puede provocar que surjan los otros. Esto significa que algunas veces somos conscientes de nuestras emociones y otras no, que en ocasiones las podemos controlar o generar voluntariamente y en otras parecen brotar espontáneamente; asimismo, y que existen diferentes situaciones que las pueden despertar, como la percepción más o menos conciente de situaciones importantes para nuestro bienestar, los recuerdos y pensamientos, las conversaciones acerca de emociones pasadas, las posturas y expresiones asociadas a las emociones y aun la cercanía de otras personas emocionadas.[8]

Algunas propiedades de las emociones les han ganado muy mala fama como propiciadoras de conflictos; ejemplo, tenemos las siguientes situaciones:

1. **La dificultad de reconocer las emociones, tanto propias como ajenas, es una de las razones por las que no**

se aceptan. Las emociones a menudo inician con una sensación corporal difícil de definir. Advertimos que algo diferente pasa dentro de nosotros mismos y, si no tenemos la costumbre de prestar atención a nuestro cuerpo, sentimos que algo anda mal. A esto se suma el rechazo de algunas emociones en la familia, lo que nos hace luchar inconscientemente contra ellas y no expresarlas a plenitud, de modo que resulta difícil reconocerlas. Por último, nuestra capacidad de razonamiento y lenguaje pueden hallarse de tal manera disociadas de lo que sentimos que es imposible hablar de ellas.

2. **La rapidez con que a veces empiezan las emociones ocasiona que no podamos controlarlas y no nos demos cuenta siquiera de qué las despertó.** Esto hace pensar que las emociones son algo ajeno a nosotros, que nos dominan de tal forma que parecen tomar posesión de nosotros. Por eso a menudo usamos expresiones como "no sé qué me pasó" o "estaba fuera de mí".
3. **Las emociones están asociadas a funciones y movimientos corporales que no son aceptados en muchas culturas.** Durante siglos la civilización occidental ha exaltado las virtudes del alma al tiempo que ha despreciado el cuerpo. La emoción nos hace sentir nuestro cuerpo de una manera muy intensa. Percibimos movimientos involuntarios del aparato digestivo y aun los músculos voluntarios se pueden mover sin control. Es posible que lloremos o sudemos. Cuando estamos invadidos por una emoción, resulta más claro que nunca que somos cuerpo y, para muchas personas, eso no es fácil de aceptar.

4. **Las emociones se contagian.** La investigación ha demostrado que tendemos a imitar las expresiones faciales, posturas, ritmos respiratorios y movimientos de otras personas, ya sea que estén cerca de nosotros o que las veamos en película o televisión. Algunos investigadores afirman incluso que nos contagiamos de las emociones de los otros por medio de las feromonas, que son sustancias químicas secretadas por un organismo que influyen en la conducta de otro. Esto puede hacernos sentir invadidos por una emoción ajena, que no tiene relación con nuestra propia realidad. Si no somos conscientes del contagio emocional, lo que sentimos nos puede confundir y angustiar. Por otra parte, ese mismo mecanismo hace que nos guste participar en reuniones de masas, en donde las emociones percibidas como positivas se sienten con mucha mayor intensidad.

Para que nuestras emociones no sean fuente de conflictos irresolubles, lo primero que hay que hacer es aceptarlas. Es cierto que cuando somos presa de una emoción intensa podemos hacer o decir cosas que luego lamentamos, pero sin ellas nuestras vidas serían grises e insípidas. Así pues, el primer paso consiste en reconocer que, nos guste o no, dentro de nosotros se mueven fuerzas que a veces son difíciles de explicar y más aún de controlar, que poseen su propia lógica y sus propios tiempos y que son parte de nosotros.

Una vez que aceptamos su existencia, el segundo paso es darnos un tiempo para observarlas. Existen diferentes grados de conciencia de las emociones, como de cualquier función psicológica o corporal. En un primer nivel, sabemos que algo nos pasa, pero no sabemos qué es.

Como la mayor parte de nosotros no está acostumbrado a tolerar la incertidumbre, es muy posible que al darnos cuenta de que algo pasa dentro de nosotros y no poder describirlo con claridad, nos sintamos incómodos o incluso angustiados. Sin embargo, poderse sentir a gusto con esta sensación interna difícil de poner en palabras puede resultar muy valioso. Se trata, en palabras de Eugene Gendlin, de atender al proceso de la experiencia presente, dándole la bienvenida a lo que sea que aparezca en la conciencia, por borrosa que se perciba. Si nos damos el tiempo y el espacio necesarios, aprenderemos a reconocer una "sensación sentida" (en inglés, *felt sense*), una forma de conciencia corporal a partir de la cual se pueden formar pensamientos, recuerdos o sentimientos más claros.

Como señalan Greg Johanson y Ron Kurtz, no podemos aprender nada de lo que ya sabemos. Al observar las sensaciones difusas en un estado de conciencia plena podremos ver cómo se desenvuelven y nos revelan aspectos de nosotros mismos. Por eso la segunda recomendación respecto al manejo de las emociones es darnos un tiempo para observarlas. A veces esto es muy difícil, sobre todo cuando somos presa de una emoción intensa. En esos momentos no podemos darnos cuenta de la información que no concuerda con la emoción que estamos sintiendo. Reaccionamos en lugar de responder. Las reacciones son automáticas e inconscientes y muchas veces defensivas, mientras que las respuestas implican una decisión consciente.[9]

Cuando nos invade una emoción intensa existe un período refractario en el que sólo tendemos a procesar información acorde con la emoción sentida, de modo que nuestra reacción puede resultar desproporcionada y destructiva. Contar hasta 10, caminar un poco o respirar profundamente pueden ser respuestas adecuadas mientras pasa este momento. Debemos habituarnos a hacer pausas cuando surjan emociones intensas, particularmente aquellas que nos pueden llevar a hacernos daño o a lastimar a los demás. Asimismo, debemos aceptar la necesidad que tienen los demás de tomarse un tiempo para dejar que las cosas se enfríen.

Darnos un tiempo a fin de observar nuestras emociones implica hacernos a un lado para que una parte nuestra, un testigo, las mire sin juzgarlas. En caso contrario, si nos damos cuenta de una emoción que no aceptamos, nos enojamos por sentirnos tristes o nuestra tristeza nos entristece aún más.

María Elena, por ejemplo, es muy explosiva. Cuando discute o pelea con su esposo quiere dejar todo en claro en ese instante, aunque sea a gritos. Raúl, por su parte, prefiere que las cosas se calmen antes de hablar. A ella le exaspera que él se ponga a leer o quiera dar un paseo o dormir cuando hubo un desacuerdo. Necesita expresar sus sentimientos de inmediato y cree que de esa manera el asunto se soluciona, pero sus gritos y acciones impulsivas no hacen sino empeorar la situación.

Desde luego, hay algunas parejas que parecen disfrutar los conflictos, pero existe también el riesgo de abrir heridas difíciles de cerrar. Esto es, si estamos furiosos con nuestra pareja, en ese momento tenderemos a recordar viejos altercados, y cuando nos sentimos tristes vienen a la mente hechos que nos provocan más tristeza. Nuestras reacciones automáticas suelen provocar a los otros, que reaccionan en consecuencia y de ese modo se forma un círculo vicioso.

En tercer lugar, debemos intentar conocer aquello que nos provoca emociones fuertes. Cuando una reacción emocional es desproporcionada, muchas veces se relaciona con eventos pasados. Esto quiere decir que una situación presente nos recuerda viejos agravios, y por eso nuestra emoción parece demasiado intensa para el estímulo que la provocó. El caso de Fausto puede ilustrar esta situación. Cuando era pequeño fue víctima de los maltratos de su padre alcohólico y ahora, adulto, se pone furioso cada vez que alguien que tomó de más le habla. En muchas ocasiones se ha peleado a golpes con un borracho necio al que podría haber ignorado. También hay que tener en cuenta que nuestro estado de ánimo es el terreno en que surgen las emociones. Si, por ejemplo, hemos estado expuestos a una serie de estímulos molestos en las últimas horas, puede ocurrir que nuestro estado de ánimo sea irritable, por lo que ante una situación moderadamente frustrante tal vez reaccionemos con enojo desmedido.

Subpersonalidades

Desde hace milenios los estudiosos han utilizado diversas metáforas para describir las guerras que se libran en el interior de la mente de hombres y mujeres. Ya hemos visto cómo Platón comparó al alma humana con un auriga que conduce un coche con dos caballos, uno de buena raza y otro desobediente. En las teorías psicológicas se prefiere hablar de conflictos entre partes de la mente. Entre ellas, sin duda la más conocida es la que dio a conocer Freud hace más de 80 años, en *El Yo y el Ello*. En ese trabajo propuso un aparato mental compuesto de tres partes, el Ello, el Yo y el Superyó.

El Ello representa a las pasiones y se rige por el principio del placer, el Yo es sede de la razón y se rige por la realidad percibida a través de los sentidos, y el Superyó es la conciencia moral que obedece al principio del deber. Podemos encontrar una versión simplificada del aparato psíquico propuesto por Freud en las caricaturas: al protagonista (el Yo) se le aparece un diablito (el Ello) que lo invita, por ejemplo, a irse *de pinta*, y un angelito (el Superyó) que lo exhorta a continuar por el camino recto hacia la escuela.

En la experiencia de muchas personas seguramente se encuentra el hecho de haber sentido una parte de ellas mismas que se deja, o quisiera dejarse llevar, por el deseo (el Ello) y un severo juez que evalúa sus acciones y las castiga con sentimientos de culpa e inadecuación. En medio un ejecutivo atribulado (el Yo) procura mediar entre la virtud y el pecado. Este esquema habla de partes cuya naturaleza necesariamente conduce al conflicto interno. En *El malestar en la cultura* (1930), la más leída de sus obras, Freud afirma que de no ser por las normas sociales contenidas en el Superyó, seríamos asesinos, caníbales e incestuosos. La mayoría de los antropólogos y psicólogos contemporáneos seguramente no comparte la idea de que si no hubiera cultura nos mataríamos y devoraríamos unos a otros. Lo cierto es que las personas con un Superyó rígido e inflexible sienten que si fallan, así sea un poco, en su intento de ser perfectas y obedientes a las normas que deben seguir, su mundo se derrumbaría. Viven siempre como si fueran observadas y evaluadas por un policía o militar inflexible que las castiga por el menor error.

Existen muchas otras teorías que hablan de partes dentro de nosotros. Si seguimos a Jung, por ejemplo, resulta que bajo la máscara que habitualmente presentamos a los demás tenemos una sombra, con las características que rechazamos y tememos pero, a la vez, deseamos. La sombra de una monja, por ejemplo, sería ser tal vez *table dancer* y una parte inconsciente de la chica que baila desnuda alrededor de un tubo quisiera entrar en un convento. Jung también se refiere a una parte femenina dentro de los hombres y una parte masculina en las mujeres. Aunque esto ha cambiado en años recientes, muchos hombres han combatido aquellos aspectos de su personalidad que la sociedad considera femeninos y las feministas siguen luchando por la aceptación en ellas de lo que durante siglos se consideró propio de los hombres.

Los problemas que se desatan en el seno de las familias son a menudo la semilla de futuros conflictos. Cuando somos pequeños, en ocasiones tenemos que pelear con nuestros hermanos por la atención de papá o de mamá. Puede ser que luchemos para que nos acepten como somos, para que nos quieran o para lograr nuestra independencia. Tal vez sentimos que nuestros padres hubieran querido una mujercita en lugar de un hombre o viceversa. Otras veces la lucha es contra una parte de nosotros mismos, que no era aceptada en nuestra familia, como en el caso de las emociones e impulsos prohibidos, que tratamos antes.

Haya o no armonía en nuestros hogares, al final nos parecemos en mayor o menor medida a nuestros familiares. En términos psicológicos, nos identificamos con ellos. Nuestra identidad se forma con la suma de identificaciones con las personas significativas, particularmente en nuestros primeros años. En palabras más sencillas, incorporamos diferentes aspectos de la personalidad de quienes han sido importantes en nuestra vida y terminamos pareciéndonos a ellos. En cada uno de nosotros siguen viviendo nuestros padres, tíos, abuelos, hermanos, maestros y amigos. En la medida en que depositamos nuestro cariño en ellos, nos quedamos con algunas de sus creencias, hábitos y actitudes. Tal proceso no es del todo consciente ni voluntario, es decir que la mayoría de las veces no elegimos a quién y en qué nos queremos parecer. En cambio, nos sorprende decir algo que nuestro padre o nuestra madre habría dicho, o tener los mismos gustos, y más aún cuando se trata de la repetición de conductas que, en su momento, no nos gustaban de ellos.

En el caso de que nuestros padres y otras personas significativas fueran compatibles entre ellos y tuvieran una relación armoniosa la mayor parte del tiempo, nuestra identidad se puede consolidar sin mayores problemas. No siempre es así. Muchas veces el padre y la madre tienen temperamentos, valores y creencias muy diferentes, y no encuentran la manera de conciliarlos. Hace mucho vi una fotografía del río Amazonas, en donde se juntaban dos de sus afluentes. Las aguas de uno de ellos eran amarillentas, con mucho sedimento, y las del otro de un azul profundo. Por muchos kilómetros las aguas de uno y otro río fluían en un cauce sin mezclarse. Algo similar puede pasar con los hijos de dos padres muy diferentes y habituados al conflicto. De pequeños son obligados a tomar partido en una pelea que no les corresponde. Cuando son adultos, los desencuentros y peleas de sus padres se siguen escenificando en su mente, como si dentro de ellos hubiera partes irreconciliables.

Más allá del conflicto

Cada uno de nosotros escucha a menudo voces diferentes dentro de su mente y, si es suficientemente observador, puede advertir que actúa de maneras distintas y a veces contradictorias. ¿Quién no ha sentido, por ejemplo, que en ocasiones es impulsivo aunque generalmente sea prudente, o que suele ser maduro pero en ocasiones se comporta como un niño? ¿Cuántos de nosotros sufrimos la presencia de un juez o un policía en nuestra mente que parece monitorear nuestras acciones? En la medida en que la experiencia de las partes internas es variada, la lista de partes de la personalidad que han propuesto diferentes teóricos es interminable. En todos los casos se trata de teorías o modelos que sirven para explicar la realidad. Son útiles en la medida en que nos ayudan a entender y aceptar tanto nuestra experiencia interna como la conducta de los demás.

La mayoría de nosotros sigue pensando que nuestras acciones, pensamientos y sentimientos surgen de una personalidad unitaria. Nos enseñan, dice Richard Schwartz,[10] que aunque una persona en ocasiones se comporte de modos desconcertantes, posee una mente monolítica. Como resultado tenemos un autoconcepto erróneo, pues creemos que nuestros pensamientos y sentimientos más extremos son nuestra *verdadera* naturaleza. Nos definimos y definimos a los demás de acuerdo con situaciones excepcionales.

Si, por ejemplo, en un momento de enojo Rodrigo se porta grosero con Graciela, todas las situaciones positivas que pasaron entre ellos parecen borrarse. Aunque Rodrigo se disculpe, y aunque la ofensa sea una entre mil comunicaciones dirigidas a ella, Graciela pensará que *eso* es lo que *verdaderamente* piensa Rodrigo de ella, que eso muestra la *verdadera* personalidad de Rodrigo, y todo lo demás era falso. Pensar que Rodrigo tiene *una parte* grosera que *a veces* aparece, ayuda tanto a Rodrigo como a la relación entre ambos. Si él observa esa parte, podrá darse cuenta de las circunstancias en que se activa. En otras palabras, podrá descubrir qué pasa que lo hace ponerse grosero, en el entendido de que en muchas ocasiones es educado.

La creencia de que nuestros comportamientos extremos son nuestra naturaleza esencial, prosigue Schwartz, es causa de mucho sufrimiento innecesario. Los diagnósticos psiquiátricos son un claro ejemplo de esta forma de ver las cosas: encasillamos a alguien con base en sus comportamientos disfuncionales, como si esos comportamientos fueran todo lo que esa persona es en realidad. De esta forma afirmamos, por ejemplo, que Norma *es* depresiva, en lugar de decir que a veces se deprime. Lo mismo sucede cuando hablamos de nosotros mismos: podemos decir que somos ansiosos, perezosos o enojones, pero sería más preciso decir que en ocasiones sentimos ansiedad, a veces nos da pereza y hay cosas que nos enojan. De esa manera podemos estudiar las circunstancias en que se activa nuestra ansiedad, pereza o enojo. Los defectos o características aparentemente indeseables resultan ser respuestas a circunstancias adaptativas, a situaciones concretas

Pensar que dentro de nosotros hay partes diferentes, que a veces se comportan de formas desconcertantes, puede contribuir a tener una imagen más justa y equilibrada tanto de nosotros mismos como de los demás.

¿A menudo te juzgas con dureza? ¿Cuando te describes a ti mismo, sueles utilizar calificativos duros? Recuerda que no siempre eres así. Eso que tanto te molesta o te preocupa de ti no es todo lo que tú eres. Haz una lista de las circunstancias en que se activa esa parte de ti. Esa parte tiene una función. Tal vez te protege de algo. Al menos en ocasiones tiene una utilidad. Es posible que te haya cuidado en el pasado, y que no se haya dado cuenta de que las condiciones ya cambiaron.

Piensa en las excepciones. Aunque te digas a ti mismo que eres inseguro, por ejemplo, podrás también encontrar ocasiones en las que te sentiste seguro. Si crees que eres muy nerviosa, pon atención a las ocasiones en que te sientes tranquila. Seguramente algunas situaciones activan cada una de tus partes, pero tú también haces algo, sin darte cuenta, para sentir seguridad o inseguridad, nerviosismo o calma.

En *Internal Family Systems Therapy*, Schwartz propuso que las partes constituyen un sistema, es decir, una entidad cuyas partes se relacionan entre sí de acuerdo con patrones predecibles. Este autor agrupa las subpersonalidades en tres tipos y describe de qué manera unas se activan en función de la activación de las otras:

Las partes exiliadas nos inundan con recuerdos y pensamientos de traumas, conflictos y carencias produciendo angustia o tristeza. Se originan en el rechazo de los sentimientos "negativos" que existe en muchas familias. Como manifestantes que interrumpen el tránsito o toman una oficina, las partes exiliadas reclaman atención de modo escandaloso, haciendo difícil el funcionamiento del sistema.

Cuando las partes exiliadas nos agobian con sentimientos difíciles de aceptar, entran en acción los bomberos, que tratan de apagar el fuego de las emociones "negativas" por cualquier medio. Algunas de las formas más comunes de hacerlo son el abuso del alcohol o las drogas, o incluso entregarse a cualquier adicción aparentemente benigna como el trabajo, los videojuegos, el internet o la televisión. En cualquier caso, el "bombero" apaga el fuego adormeciendo o distrayendo a la persona para que no sienta dolor. Por supuesto, a la larga estas actividades crean más problemas y sólo alejan temporalmente el sufrimiento.

Finalmente, existen partes administradoras (*managers*) que tratan, por ejemplo, de ser perfeccionistas, controladoras o de cuidar a los otros para conseguir así aceptación y cariño y evitar a toda costa que aparezcan las partes exiliadas con emociones perturbadoras.

Hablar de partes dentro de uno mismo también contribuye a aclarar nuestros sentimientos. Hace unas semanas, Beatriz terminó su relación amorosa con José. Él le sigue hablando y eso le produce a ella sentimientos encontrados. Por una parte le da gusto que no la olvide y quiera verla, pero por otra sabe que la relación no puede funcionar y las llamadas le lastiman. Quisiera pedirle que no le llame más, pero no sabe cómo hacerlo. Tratándose de una mujer amable, comprensiva y comprometida con su crecimiento personal, a veces piensa que debería darle todo tipo de explicaciones acerca de sus sentimientos. Decirle, por ejemplo, que le gusta oírlo y que conserva muchos gratos recuerdos de la relación, pero que se siente lastimada y entonces enumerar las razones por las cuales la situación entre ellos no puede funcionar. Mientras piensa esto, otra voz la interrumpe, diciendo que simplemente lo mande al diablo. Pero entonces la parte educada y comprensiva dice que no tiene caso lastimarlo. El diálogo interno la angustia, pasa el tiempo y José le sigue llamando. Por fin decide decirle que una parte de ella quisiera seguir siendo su amiga para siempre y que hablaran de sus respectivas vidas y sentimientos, y que a la vez hay otra a la que le duele oírlo, de manera que le pide que ya no le llame. Ninguna de las partes tiene por qué callar a la otra, ni dentro de la mente de Beatriz ni en su comunicación con José. Darle una oportunidad a cada una de las subpersonalidades para que exprese su sentir terminó con el conflicto y resolvió el estancamiento.

La "parte" o subpersonalidad que más atención ha recibido en los libros de autoayuda y en algunos círculos profesionales es la del *niño interno*. John Bradshaw popularizó la idea de que dentro de todos nosotros existe el niño que alguna vez fuimos. Ese niño puede estar asustado, confundido o sentirse solo, entre muchas otras emociones, y aunque el adulto entienda que no hay razones para tener miedo, *una parte de él* se comporta como si fuera un niño.

Es como si en la computadora de nuestra mente existiera un programa que se activa en ciertas circunstancias, minimizando los demás y, cuando se activa, nos comportamos, pensamos y sentimos como niños. Si en una sesión terapéutica intentamos comunicarnos con una persona de acuerdo con su edad cronológica cuando la parte "niño" está activada, no conseguiremos mucho. La persona puede entender lo que se le dice, pero las heridas emocionales del niño interno no sanan, a no ser que se emplee un lenguaje y un tono de voz adecuado para él.

En resumen, dentro de nosotros mismos se puede llevar a cabo una lucha interminable entre la razón y las emociones, o entre diferentes partes o subpersonalidades. Estos conflictos interminables son fuente de estrés crónico. Ayuda mucho darnos un tiempo para reconocer y escuchar a cada una de las partes. Todas tienen una razón de ser, que puede hallarse en el presente o en el pasado. Cada una de ellas tiene una función relacionada con nuestro bienestar, aunque su visión pueda ser parcial. Darle su lugar a cada una de ellas hace que puedan funcionar como partes de un sistema complejo en lugar de ser enemigas irreconciliables.

Bibliografía

1. Más información sobre los soldados japoneses que no se enteraron a tiempo del fin de la guerra en www.wanpela.com/holdouts.
2. Los Upanishads son enseñanzas espirituales que se obtenían escuchando a maestros. Los 18 principales forman parte de los Vedas. Existen muchas traducciones de esos textos. Aquí se consultó *The Upanishads. Breath of the Eternal. The Principal Texts*, traducidos del sánscrito original por Swami Prabhananda y Frederick Manchester, Mentor Books, The New American Library (sin fecha de publicación, versión autorizada de la edición de la Vedanta Society of Southern Californa, 1957).
3. Atman se ha traducido como *el Alma* o, en inglés, como *Self*, término que se suele traducir al español como *sí mismo*. Una definición más apegada al significado hindú es el de Dios presente en todas las partes de la creación. Es decir que *Atman* sería la parte divina, inmanente a todos nosotros (vea www.hindunet.org/srh_home/1995_12/msg00046.

html). Desde luego, en este espacio es imposible tratar el tema con el detenimiento que merece.

4. La obra de Gustave Le Bon, *Psicología de las multitudes*, verdadero *bestseller* del siglo XIX y principio del XX, planteaba opiniones que influyeron en Freud cuando escribió *Análisis del Yo y psicología de las masas.*
5. Las experiencias estructuradas son técnicas en las que se pide a los integrantes realizar tareas, como hablar de determinados temas poniendo atención a lo que pasa dentro de ellos o con otros integrantes del grupo. Suelen conocerse como dinámicas de grupo.
6. Alexander Lowen, el más conocido de los discípulos del genial y controvertido Wilhelm Reich, abordó el tema en *Love and Orgasm*, MacMillan, Nueva York.
7. Vea, por ejemplo, de Hatfield, Cacioppo y Rapson, *Emocional Contagion*, Cambridge University Press, New Cork, 1994, y de Paul Ekman, *Emotions Revealed*, Revealed Times Books, Henry Holt and Company, Nueva York, 2003.
8. El grado o nivel de conciencia puede variar: de hecho, lo consciente se ha definido de muchas maneras diferentes. En cierto nivel nos damos cuenta de las cosas, pero no podemos ponerlas en palabras. Esto sucede a menudo con las emociones.
9. Sobre reacciones y respuestas vea Readings 2004, en www.ronkurtz.com y de Christine Caldwell, *Habitar el cuerpo, op. cit.*
10. Schwartz expone su teoría en *Internal Family Systems Therapy*, Guilford Press, 1995.

Capítulo 5

Antídotos

No hay una receta mágica para acabar con el estrés. Es imposible solucionar un problema de estrés crónico de la noche a la mañana, ni hacer algo que lo pueda reducir de una vez por todas y para siempre. En realidad, lo mismo sucede con cualquier aspecto de nuestra persona o nuestra vida que nos propongamos cambiar. No hay más solución que aprender a manejarlo mejor día a día y hasta minuto a minuto. Cada vez que conseguimos reducirlo, habremos ganado una pequeña batalla. O tal vez sería mejor decir que hemos evitado, por el momento, una pequeña batalla. Muchas circunstancias externas pueden producirnos tensión, pero cuando nos damos cuenta de cómo hacemos para mantenernos estresados cuando el estímulo ya no está, o empezar a estresarnos mucho antes de que realmente esté presente, podemos dar un primer paso para cambiar los patrones que nos mantienen permanentemente alterados. Al hacerlo repetidas veces, por diferentes medios, logramos corregir esos cortocircuitos que nos estresan sin causa justificada, más allá del reto que debemos afrontar. Poco a poco nuestro cuerpo y nuestra mente se deshacen de los hábitos inconscientes que nos mantienen en un estado de estrés crónico.

El estrés es un fenómeno complejo que no depende de una sola causa. Como hemos visto, una postura tensa puede causar pensamientos o recuerdos angustiosos, y esto a su vez alterar el ritmo de la respiración. Pero también puede suceder que el ritmo respiratorio alterado produzca diversas sensaciones en el cuerpo, que a su vez generen pensamientos o recuerdos negativos y que éstos a su vez cambien nuestra postura. La mente y el cuerpo son sistemas complejos en los que una pequeña variación en una parte puede originar grandes cambios en el todo. Cada una de las funciones del cuerpo y la mente se altera, manteniéndonos en un estado de alerta constante y de estrés la mayor parte del tiempo. Por eso es necesario trabajar en el nivel del pensamiento, las creencias, la postura, la respiración, etcétera. En ocasiones, trabajar en una de ellas es suficiente para iniciar el cambio en todas las demás, pero en la mayoría de los casos es necesario atender a todas las funciones alteradas. En este capítulo se presentan diferentes alternativas.

Cada una de ellas puede ayudar a disminuir el estrés en un momento dado y, si se practican asiduamente, sin duda romperán el círculo vicioso del estrés crónico. Pero esto no quiere decir que debe tratarse de hacer todo a la vez. Muchos programas de ayuda y superación personal fracasan porque las personas pretenden cambiar de la noche a la mañana y se someten a una serie de exigencias imposibles de cumplir, que terminan estresándolas aún más. Por eso hay que comenzar con uno de los antídotos que a continuación se proponen y dedicarse a él un tiempo suficiente. También es importante señalar que no hay un ejercicio o práctica que le sirva a todo el mundo todo el tiempo. En mi experiencia como asesor en manejo de estrés, algunas personas resultan muy beneficiadas por cierto ejercicio que a otras les resulta indiferente. Asimismo, una práctica determinada puede ayudarnos en una época de nuestra vida a afrontar cierto problema, pero en otro período tal vez necesitemos una forma distinta de manejarlo. Por eso a lo largo de este libro, y particularmente en este capítulo, se proporciona un menú de propuestas y técnicas, de tal modo que cada quien encuentre aquellas que le benefician en un momento dado. Cada uno de los ejercicios puede practicarse diariamente durante al menos dos semanas hasta que se convierta en un hábito, es decir, hasta que los realicemos automáticamente y así, poco a poco, vayamos reduciendo el estrés crónico a la vez que construimos una vida más consciente y plena. En otras palabras, hacer algo, o dejar de hacer algo, puede servir como paliativo momentáneo del estrés, pero si esta forma de comportarse se convierte en un hábito, puede reducir o eliminar el estrés crónico.

Un buen principio es afrontar la vida con una actitud diferente.

Actitudes positivas

Las actitudes nos predisponen a percibir el mundo de determinada manera y a actuar en consecuencia. Son como cristales de colores por medio de los cuales vemos nuestro entorno con diferentes matices, de tal forma que un mismo evento puede ser percibido de formas totalmente distintas por diferentes personas. En el capítulo 1 hablábamos de cómo ciertas personas disfrutan de actividades que otros aborrecen e incluso eligen hacerlas en su tiempo libre. Pero hasta las actividades obligatorias pueden parecer placenteras a quien las afronta con una actitud positiva.

Nacho, por ejemplo, es un exitoso industrial de unos 55 años. Hace unos meses, en una agradable sobremesa, contaba que si pudiera retirarse y salir de la ciudad, le gustaría criar puercos. Al oír eso todos nos sentimos intrigados y alguno le preguntó por qué. Nos refirió que, cuando era niño, trabajaba en las tardes cuidando marranos. Saliendo de la escuela llegaba a su casa, comía, hacía la tarea y caminaba hacia una granja cercana a su casa. Su trabajo consistía en limpiar los chiqueros, dar de comer a los cochinos y asearlos. Le gustaba hacerlo, tanto, que si pudiera, lo haría de nuevo, esta vez como un negocio propio. Para Nacho, la experiencia de haber trabajado de niño era una alegría. En ningún momento se quejó de haber pasado su infancia trabajando porque en su casa el dinero no alcanzaba, o de que no podía pasar la tarde jugando como sus compañeritos de la escuela. Otro, en su lugar, habría lamentado pasar su niñez recogiendo excremento de puerco, resentido porque sus padres lo obligaban a trabajar, quizá sin poder perdonar a su padre que no ganara lo suficiente para mantener a la familia. Pero Nacho fue tan feliz limpiando porquerizas como lo es ahora, dirigiendo una empresa. Esto no quiere decir que no tenga momentos difíciles, amargos o tristes. Pero sí que su actitud hacia la vida es positiva, y sabe encontrar algo agradable en todas partes, aun entre los marranos.

Elvira, por su parte, se especializa en encontrarle problemas a todo. Tiene un olfato singular para darse cuenta de los errores propios y ajenos y es muy crítica. Como si en la novela de su vida sólo resaltara todo lo negativo. Hace poco fue a una fiesta en la que se sintió muy bien. La comida era excelente, la compañía amena y la música alegre. Sin embargo, al recordar el festejo, Elvira ponía el acento en el comensal que, pasado de copas, perdió el equilibrio y cayó al suelo; en el escote exagerado de una señora y en lo mucho que se tardaron en servir el postre. Experta en encontrarle defectos y problemas a las cosas, de esa manera consigue opacar los momentos más felices.

Para cambiar de actitud ante cualquier situación, lo primero que hay que hacer es darnos cuenta de cuáles son las creencias que determinan nuestra forma de ver el mundo en general y, particularmente, aquello que nos molesta. Desde luego, hay muchas situaciones desagradables en la vida, que seguramente harían que la mayoría de las personas experimentara estrés negativo; pero aun así, nos podemos preguntar:[1] ¿de qué manera contribuyo a este problema, aunque sea en mínimo porcentaje? En otras palabras, si le puedo atribuir al ambiente o a los otros 95% de mis problemas, ¿cuál es mi 5%? Tal vez podamos cambiar las circunstancias externas, tal vez no. Cambiar a los demás es aún más difícil, por lo que a menudo la forma más efectiva y segura de sentirnos mejor consiste en atender nuestro 5%. Además, es la única forma en que realmente podemos crecer como personas.

Recuerda una situación desagradable. Trata de situarte, imaginariamente, en ella. Observa qué era lo que más te incomodaba en ese momento. Advierte cuánto de tu molestia tenía que ver con lo que sucedía a tu alrededor. ¿Qué era lo que te estresaba del ambiente? ¿Qué te desagradaba de los demás?

Ahora trata de recordar lo que pasaba en tu mente. ¿De qué manera contribuías a hacer que la situación fuera peor? ¿Qué te decías a ti mismo? ¿Cuál era tu contribución, así fuera de 5%, para hacer y mantener esta situación enfadosa?

¿Podrías haber hecho o pensado algo diferente para cambiar el estado de las cosas?

La próxima vez que te encuentres en una situación estresante pregúntate: ¿Qué estoy haciendo para aumentar mi malestar ahora mismo? ¿Peleo conmigo? ¿Pienso o recuerdo cosas que me hacen sentir peor? ¿Pongo más atención a lo negativo? ¿Culpo a alguien más? ¿Me culpo? ¿Cómo podría estar un poco mejor?

Cambiando las creencias

El estudio de las creencias personales ha resultado muy útil para entender el estrés crónico y el sufrimiento innecesario. Una creencia implica la aceptación de un hecho que se tiene por verdadero aunque no haya un conocimiento personal que lo valide, es decir que no necesariamente está basada en hechos reales. Todos tenemos muchas creencias, pero para fines de superación personal las creencias más importantes son las que tenemos respecto a nosotros mismos y los eventos más importantes de nuestra vida. Se trata de creencias relacionadas con la seguridad y el peligro, la confianza en los demás y el afecto, la sexualidad y el género, el éxito y el fracaso. Muchas de estas creencias tienen que ver con el ambiente familiar en que vivimos durante nuestros primeros años. Pueden basarse en sucesos o situaciones pasadas que fueron importantes en otros tiempos, pero no en el presente. Otras veces las aprendemos de nuestros padres u otras personas significativas que nos las transmiten con las mejores intenciones, tratando de guiarnos y protegernos, pero al mismo tiempo nos transmiten sus miedos y limitaciones. En el capítulo 4 vimos cómo algunas creencias en cuanto a las emociones o diferentes partes de nosotros mismos pueden causar mucho dolor. A continuación pondré algunos ejemplos más.

En casa de Alfredo la estatura era muy importante. Sus padres, hermanos y hermanas eran muy altos. Como él medía 1.78 m, frente a sus hermanos de más de 1.90, era el chaparro de la casa. Aun sus hermanas eran un poco más altas que él. De nada servía señalarle que era más alto que la mayoría de los mexicanos, Alfredo sufría debido a la creencia de que ser alto era bueno y deseable, y ser bajito una desgracia.

Algo similar sucede con las personas que sufren anorexia nerviosa: aunque su peso esté muy por debajo del promedio que suelen tener las de su tamaño y edad, se sienten gordas. En ambos casos, una creencia acerca de la imagen corporal deseable o ideal, a la que la mayoría de las personas no se ajusta, provoca dolor innecesario.

Para Guillermina lo importante eran las calificaciones. Desde pequeña oyó a su padre decir "Tanto sabes, tanto vales" (¡buen ejemplo de creencia!), y ella se esforzó por aprender mucho y lograr siempre las mejores notas. La perspectiva de sacar un nueve la perturbaba mucho, en tanto que muchas de sus compañeras estaban felices con un ocho.

Édgar, por su parte, creía que el silencio era malo, señal de tristeza, desinterés o aburrimiento, por lo que se sentía obligado a hablar todo el tiempo, haciéndose el chistoso. En principio, resultaba simpático, pero a la larga, mucha gente lo evitaba al verse abrumada por su verborrea y deseo de agradar. Esto lo desconcertaba y le hacía hablar aún más.

El problema no es que nuestras creencias sean verdaderas o falsas, sino que sean limitantes y ocasionen sufrimiento innecesario. Por ejemplo, uno puede creer que todo lo que le pasa tiene un sentido y, a la larga, le reportará algún beneficio. Obviamente, ésta es una creencia que no se puede comprobar objetivamente, pero puede dar significado a la vida y proporcionar consuelo en momentos difíciles. Por otra parte, si uno cree tener mala suerte, interpreta todos los acontecimientos con base en esa premisa falsa. De esta manera, las creencias se convierten en profecías que propician su propio cumplimiento. Esto sucede porque percibimos, pensamos y actuamos como si nuestras creencias fueran verdades absolutas. Cuando se trata de creencias personales que tienen que ver con nosotros mismos y las relaciones con los demás, se convierten en principios que rigen nuestra vida. Al paso del tiempo, he encontrado una serie de creencias y hábitos que suelen producir dolor innecesario.

Algunas creencias y hábitos limitantes

La adicción a tener la razón

Cuando pensamos en adicciones tal vez lo primero que se venga a nuestra mente sean las drogas, legales o no. Para los fines que nos ocupan, conviene definir la adicción de una manera más amplia.

Según Christine Caldwell,[2] las adicciones no son necesariamente un asunto de drogas, sino el hábito de alejarnos de nosotros mismos para evitar los pensamientos, emociones y recuerdos que nos parecen amenazantes o intolerables, a la vez que buscamos una sustancia o actividad que nos ayude a distraernos, olvidando momentáneamente nuestros problemas.

Para escapar a esas situaciones, nos aferramos a una sustancia o actividad, tratando de encontrar en ellas la solución a un problema que no queremos enfrentar. Desde luego, la adicción termina siendo un problema peor que aquel que tratábamos de evitar.

Para Caldwell, la adicción tiene que ver con la repetición automática de una conducta que no parece ir a ninguna parte y que no concluye ni proporciona verdadera satisfacción; tal es el caso en nuestro país del duelo verbal entre el presidente y el jefe de gobierno: no se llegó a nada y no creo que alguno de ellos haya quedado satisfecho. Además, la conducta adictiva es incómoda de observar. Recordemos, por ejemplo, la desesperación del fumador o el alcohólico cuando deben salir en la madrugada porque se les acabó el tabaco o la bebida y cómo esa impaciencia desespera también a las personas que los rodean.

Lo mismo sucede con un adicto a tener la razón. Suele enfrascarse en discusiones interminables con otros adictos semejantes y las otras personas tienden a evitarlo con tal de no oír sermones o cátedras tanto de temas intrascendentes como de sus propios puntos de vista acerca de sí mismo y los demás.

La adicción a tener la razón suele esconder una gran inseguridad. Es como si los adictos depositaran toda su autoestima en sus conocimientos y opiniones, de tal forma que cualquier punto de vista diferente del suyo parece poner en riesgo a toda la persona. Demostrar que tiene la razón se vuelve cuestión de supervivencia.

Recuerda alguna discusión que hayas tenido. ¿Qué pasaba dentro de ti si las otras personas no estaban de acuerdo contigo? ¿Cómo te sentías entonces? La próxima vez que participes en una discusión, detente por un momento y pregúntate si se trata de una batalla que hay que ganar a toda costa. Procura soltar esa necesidad y permite que la otra persona se quede con su punto de vista aunque sea diferente del tuyo.

La necesidad de complacer a los demás en todo momento, de no causar problemas o de ser siempre buen niño(a)

Muchos niños aprenden, desde muy pequeños, a obedecer y complacer a los mayores. A veces se trata de niños excepcionalmente sensibles, que muy temprano en su vida se dan cuenta de que sus padres tienen problemas; por ejemplo, que trabajan mucho y deben lidiar con las travesuras de sus hermanos menores. Entonces deciden portarse siempre bien y no dar problemas. Al hacerlo suelen negar sus necesidades y su propia agresión, que se vuelve contra ellos mismos, y les causa estrés.

Esta creencia conduce al estrés por varias razones:

1. Al tratar de complacer a los demás, podemos olvidarnos de nosotros mismos, relegando nuestras necesida-

des. Esto provoca que bajo nuestra apariencia de buenas personas, cultivemos el resentimiento y la frustración.

2. No se puede complacer a todos todo el tiempo. El empeño en tratar de quedar bien con muchas personas desemboca a menudo en quedar mal con todas.
3. Existen personas imposibles de complacer. Quien trata de agradarlas a menudo se encuentra atrapado en un círculo en el que, entre más se esfuerza, más se le pide.

La creencia de que hay emociones malas

En el capítulo 4 vimos cómo muchos de nosotros crecemos en hogares en los que aprendemos a no sentir algunas emociones. El problema reside en que de todas formas suceden y entonces peleamos con ellas, generando estrés innecesario, o las interpretamos de modos erróneos, pensando por ejemplo que si estamos tristes, enojados o aun contentos, algo está mal y debemos corregirlo.

Las emociones son respuestas adaptativas, que surgieron como resultado de cientos de miles de años de evolución. Cada una de ellas nos prepara para responder a una situación determinada, a la vez que manda señales a quienes nos rodean, señales que les ayudan a responder de acuerdo con lo que estamos experimentando.

Claro que en ocasiones lo mejor es contener nuestras emociones, es decir, percatarnos de que existen sin dar rienda suelta a su expresión. No se trata de que el fuego de la emoción incendie la casa, pero tampoco de que se apague y la deje fría. La contención, en cambio, equivale a permitir que el fuego de las emociones se mantenga ardiendo dentro de la chimenea, donde lo podemos confinar para observarlo y utilizarlo sin que nos queme. Esto es muy diferente a no aceptarlas, tratando de negar su existencia. La creencia de que algunas emociones son malas nos lleva a negar una parte importante de nosotros mismos y a un constante conflicto interno. Reconocer y aceptar su existencia implica darles un lugar, decidiendo cuándo y cómo expresarlas.

La idea de que alguien hará lo que queremos o necesitamos si nos esforzamos lo suficiente (o la tragedia de pedir jugo de naranja en la tlapalería)

Algunas personas tienen necesidad de que otros respondan de determinada manera, a tal punto, que parece de vital importancia para sus vidas. Esperan, por ejemplo, cierto reconocimiento de alguno de sus padres, una particular forma de afecto de su pareja o determinado logro de sus hijos. Entre más específica sea la necesidad, mayor será la probabilidad de que no sea satisfecha, sin importar cuánto se esfuercen. Es como si todos los días fuéramos a pedir jugo de naranja a la tlapalería de la esquina: no importa cuánto exijamos, supliquemos o estemos dispuestos a pagar, ahí no venden jugos. Hay tornillos y clavos, pero jugos no, a ningún precio.

Julio, por ejemplo, siempre quiso ser el preferido de su papá. Nunca se explicó por qué su padre tenía predilección por su hermano Paco, pues era él quien tenía las mejores calificaciones, el que destacaba en los deportes y el que siempre ayudaba en la casa; su hermano, en cambio, reprobaba materias, se metía en todo tipo de líos y era muy desordenado. En su interior, Julio siempre pensó que desbancar a su hermano del lugar de preferencia de su padre era cuestión de esfuerzo: tal vez lo lograría al titularse o al terminar la maestría, y más aún porque Paco había terminado la secundaria con trabajos. No fue así. Hiciera lo que hiciera, su papá prefería a Paco.

Elena siempre deseó que su madre le dijera que la quería. Hablando sobre el tema, estaba dispuesta a conceder que su madre le había demostrado su cariño de muchas maneras, pero aun así le faltaba que se lo dijera. El problema es que su mamá no se sentía cómoda hablando de sus sentimientos. Nunca lo había hecho y no importaba lo que hiciera Julia, no lo iba a hacer.

Julio y Elena, como muchas otras personas, insisten en pedir jugos en la tlapalería. Malgastan su tiempo y esfuerzo en espera de conseguir algo que simplemente no existe, no porque su deseo no sea real, o porque no tengan derecho a satisfacerlo, sino debido a que buscan en donde no hay.

El perfeccionismo o la creencia de que el mínimo error sería fatal

Adrián es investigador. Ampliamente reconocido por su trabajo, ha publicado varios libros y decenas de artículos especializados y obtenido premios nacionales e internacionales; aun así, rara vez está satisfecho. Días antes de presentar una ponencia en un congreso, por ejemplo, imagina que sus colegas descubrirán un error que él pasó por alto y su reputación caerá por los suelos. Cada vez que aparece publicado un libro o artículo suyo, se atormenta pensando que pudo haber quedado mejor, que la redacción debió ser más clara o que le faltó un dato. El hábito de intentar hacer todo muy bien es excelente, pero lo que Adrián parece ignorar es que el error forma parte de la naturaleza humana. Es imposible nunca errar.

Algunas personas perfeccionistas se vuelven incluso obsesivas, cuidan siempre los detalles y dejan de ver el todo. Puede darse el caso de que nunca terminen lo que empiezan, pues consideran que tienen que revisar su trabajo una y otra vez. Hay un momento en que es necesario terminar cualquier trabajo, aun a riesgo de que algo falte o pueda mejorarse.

Recordemos que el perfeccionismo es una característica de la personalidad de tipo A, más propensa a padecer enfermedades cardíacas. No hay problema en hacer las cosas lo mejor posible, siempre y cuando haya al menos algunas actividades que se emprendan sólo por placer, sin que importe el resultado y, sobre todo, sin estar pendientes de la opinión de los demás acerca de lo que hacemos.

Hacer algo diferente

Cuando una actividad nos produce estrés negativo o cuando advertirnos que hemos entrado en el círculo vicioso del estrés crónico, una buena forma de buscar el bienestar consiste en hacer algo diferente. Existen dos formas de "hacer algo distinto". Mihaly Csikszentmihalyi distingue el ocio activo, que exige la inversión de recursos como energía y habilidades mentales o físicas y puede producir flujo y pasivo, del ocio pasivo, que implica ver la televisión, estar con amigos o leer revistas de modas o "del corazón".

Todas las actividades relajantes que nos exigen poco y nos tranquilizan pueden formar parte de un sano ocio creativo. Tomemos por ejemplo la música. La investigación ha demostrado que no existe un tipo de música que relaje a todo el mundo. Más bien a cada quien le calman diferentes melodías en diversas ocasiones. Lo mismo sucede con cualquier forma de ocio pasivo. Cualquier actividad que nos distraiga y relaje por un momento puede servir.

Sólo hay que tomar en cuenta que algunas generan problemas mayores, y terminan por causar problemas en todas las áreas de la vida. Para muchos, hacer algo diferente implica ver la televisión, navegar en internet o enfrascarse en un videojuego, es decir, actividades de ocio pasivo. En efecto, un poco de videojuego puede resultar relajante en tanto es un cambio de actividad, pero esas actividades pueden volverse adictivas. Uno puede darse cuenta de que una actividad se ha vuelto adictiva cuando no produce una sensación de bienestar y terminamos fastidiados, con la sensación de haber perdido el tiempo después de sumergirnos en ella. Por ejemplo, cualquiera disfruta un rato de ver televisión o de leer el periódico, pero otra cosa es pasarse una hora cambiándole a la tele con el control remoto sin encontrar nada que nos interese o leer en el diario cosas que no nos interesan sólo por no tener otra cosa que hacer. Cuando una actividad es adictiva, a menudo sirve para tapar, momentáneamente, la ansiedad; sin embargo, a la larga hay que afrontarla.

Otro tipo de actividades son las que constituyen un reto cuya realización es en sí misma satisfactoria y nos proporciona una sensación de plenitud. Según Csikszentmihalyi, se trata de actividades que nos llevan a ejercitar nuestras habilidades al máximo y al mismo tiempo nos ofrecen retroalimentación instantánea respecto a los resultados que vamos obteniendo. Cuando eso sucede estamos en un estado de flujo en el que no tenemos conflictos, ya que nuestras acciones, pensamientos y emociones se hallan en armonía. En esos momentos el tiempo parece transcurrir muy rápido: a menudo nos sorprendemos de la hora que es ya por haber estado inmersos totalmente en la actividad, viviendo intensamente en el presente. Cuando nuestras actividades se realizan en el estado de flujo, nos dejan una sensación de satisfacción, y si bien terminan cansándonos, se trata de un cansancio placentero que nos deja satisfechos.

Cualquier actividad que nos produzca un estado de flujo es un antídoto contra el estrés, siempre y cuando represente una variante de nuestra actividad predominante. En otras palabras, aun si tenemos un trabajo muy satisfactorio, que nos instala en un estado de flujo la mayor parte del tiempo, es necesario hacer otra cosa, preferentemente algo que ponga en juego capacidades que no se requieren en el trabajo. Así, por ejemplo, si nuestro trabajo está relacionado con las palabras y el cálculo, tal vez nos convenga involucrarnos en la cocina o la jardinería, y si pasamos el día frente a un escritorio sería conveniente buscar una actividad que implique movimiento, como tomar clases de baile o hacer ejercicio.

En resumen, cualquier actividad alternativa que nos guste y que, al terminar, nos haga sentir relajados y satisfechos es un antídoto para el estrés negativo. El ocio pasivo se debe combinar con ocio activo, es decir, con actividades que nos produzcan flujo. Estar atentos a lo que nos pasa ayudará a que las actividades alternas nos produzcan relajación, bienestar y satisfacción. En última instancia, dice Csikszentmihalyi, no es tan importante lo que hacemos sino cómo lo hacemos.

El ejercicio

Cualquier actividad puede romper el círculo vicioso del estrés crónico, proporcionando alivio momentáneo al poner en acción otras partes y funciones de nuestro cuerpo y mente; no obstante, el ejercicio merece ser tratado aparte porque es un tratamiento extraordinariamente efectivo para el estrés, la ansiedad y la depresión. Hay tantos estudios al respecto que se han realizado numerosos meta-análisis, es decir, estudios que estudian las propias investigaciones, validándolas fuera de toda duda.

Una de las conclusiones de esos trabajos es que no se necesita ser un atleta consumado para gozar los beneficios de la actividad física. De hecho, ni siquiera se requiere estar en buena forma, ya que al empezar un programa de acondicionamiento físico, aun una pequeña dosis de ejercicio, nos sentiremos bien. Las personas con mejor condición física necesitan realizar actividades más intensas y prolongadas para obtener beneficios similares.

Durante períodos en los que estamos sujetos a mayores presiones, el ejercicio no sólo nos protege de las consecuencias psicológicas del estrés negativo, sino que aumenta también la eficacia del sistema inmunológico. Las células NK, (del inglés *natural killer*), la primera línea de defensa contra los agentes patógenos, tales como los virus y las bacterias, y la proliferación de células cancerosas, funcionan mejor cuando nos sentimos bien y dejan de multiplicarse cuando padecemos estrés negativo o depresión.

Hay que insistir en que no es necesario entrenar como un campeón olímpico para combatir los efectos del estrés, la depresión y la ansiedad. La mayoría de las personas reportan beneficios después de un mes de hacer ejercicio 20 minutos tres o cuatro veces a la semana. Lo importante es mantener la actividad de esos 20 minutos, sin que importe la distancia que se cubre, el peso que se levanta o la velocidad alcanzada. Tampoco importa cambiar la apariencia de nuestro cuerpo. Se trata de hacer ejercicio para sentirse bien y no para vernos bien o ganar una competencia. Si como resultado del ejercicio nuestro cuerpo se vuelve más atractivo y, a la larga, esto nos motiva a mejorar nuestro rendimiento está bien, siempre y cuando esto no se vuelva parte de lo que nos preocupa y también nos produzca estrés.

Los estudios también señalan que los efectos benéficos del ejercicio son mayores cuando se practica en grupo. No sólo recibimos apoyo de los demás sino que, cuando se pasa tiempo con otras personas realizando una misma actividad, a menudo se hacen amistades duraderas.

Los expertos en educación física han debatido largamente acerca de cuál es el mejor ejercicio. Para efectos de mitigar el estrés negativo, la ansiedad y la depresión, no hay un ejercicio que sea mejor que otro. Durante mucho tiempo se recomendó la práctica de deportes aeróbicos, es decir aquellos cuya práctica produce una respiración agitada, como correr o andar en bicicleta, pero ahora se sabe que los ejercicios anaeróbicos, como levantar pesas, son tan efectivos como los aeróbicos. Lo importante consiste en escoger una actividad que sea divertida, que sea algo que uno hace por gusto más que por obligación, como un juego.

La respiración

Un libro sobre el manejo de estrés no estaría completo sin hablar de la respiración. Nuestra respiración se ve afectada por todo lo que nos sucede, incluido el estrés. Por lo tanto, no hay una manera de respirar correctamente. Cuando la respiración funciona bien, se ajusta a nuestras diferentes actividades y estados de ánimo. Por ejemplo, todos respiramos más agitadamente cuando subimos varios pisos o corremos, mientras que respiramos suavemente al hallarnos relajados. Cierta forma de respirar puede ser adecuada en un momento y no en otro.

Las diferentes fases de estrés alteran la respiración. En la fase de alerta la respiración se contiene, mientras que en la fase de resistencia suele hacerse más agitada, preparándonos para huir o luchar. Estos cambios son normales, parte de los ajustes que hace nuestro cuerpo para afrontar diferentes situaciones de la vida. En todo caso, el flujo del aire se altera de tal modo que no inhalamos lo suficiente, no exhalamos completamente o no hacemos una pausa después de exhalar. Como en el caso de todas las funciones, el problema se presenta cuando nuestra respiración sigue alterada a pesar de que el evento estresante no esté presente. En los casos de ansiedad, por ejemplo, es común que las personas hiperventilen, es decir, que inhalen más de lo necesario sin exhalar completamente, de modo que su sangre tenga más oxígeno del necesario. Esto a su vez suele producir mayor ansiedad. Es como si aceleráramos un auto con el freno puesto. Un remedio rápido consiste en hacer algún tipo de movimiento vigoroso, de modo que la energía producida al respirar agitadamente se use en lugar de producir angustia. Otra forma de revertir los efectos de la hiperventilación es respirar unos minutos dentro de una bolsa para disminuir la cantidad de oxígeno que entra en los pulmones y luego en la sangre.

Existen muchas disciplinas que nos pueden ayudar a respirar mejor, y describirlas va más allá del propósito de este libro. La mayoría aconseja tratar de poner atención a la respiración sin la intención de interferir en ella, sólo notando lo que pasa. Para hacerlo, uno puede seguir las instrucciones de un maestro en vivo, en una grabación o puede hacer experimentos que cambien un poco el modo habitual de respirar a fin de propiciar una mayor conciencia. A continuación presento dos experimentos.

Por ejemplo, busca un lugar tranquilo y dedícate por unos minutos sólo a respirar. No se trata de que hagas algo en especial, ni de que trates de respirar de una manera diferente, sino de notar cómo lo haces. Por ejemplo, ve qué pasa dentro de ti cuando haces un sonido al exhalar. Experimenta tanto con vocales como con el sonido que produzcas con la boca cerrada. Puedes tratar de hacer que los sonidos duren lo más posible y luego ver qué pasa si no intervienes.

OJO: de nuevo, pon atención a tu respiración y fíjate en la pausa que sucede al terminar de exhalar. Date cuenta de cómo los pensamientos y recuerdos que vienen a tu mente pueden producir pequeñas variantes en la pausa.

El descanso y soltar el control

A muchas personas les cuesta trabajo descansar y soltar el control. Recordemos cómo, en el capítulo 3, conocimos a Emigdio, que no podía dejar de atender su puesto en el mercado un solo día por temor a que sus competidores le quitaran los clientes, y a Magda, que no descansaba un instante por su necesidad de arreglar y limpiar su casa todo el tiempo.

Federico también sufre por no poder soltar el control y descansar. En lo económico ha logrado realizar todos sus sueños. Es dueño de una fábrica que el mismo creó e hizo crecer mediante mucho esfuerzo. Hoy su negocio exporta a más de 10 países y sigue creciendo. Él y su familia se pueden permitir todo tipo de lujos y viajes, pero él no los disfruta tanto como podría. Es incapaz de apagar su celular aun cuando está de vacaciones y sufre cuando está en un área que no tiene cobertura. También se siente obligado a ver sus correos electrónicos y consultar los índices económicos. Ahora que tiene todas las cosas materiales que alguna vez deseó carece de tiempo para disfrutarlas, hacer lo que verdaderamente quiere y relajarse.

Emigdio, Magda y Federico se parecen a los sacerdotes de las civilizaciones antiguas, que creían que la más mínima falla en sus rituales cotidianos podía provocar que el sol no saliera más o las lluvias dejaran de caer para siempre.

Muchas personas asocian el hecho de lograr el control con el éxito y el de perder el control con el fracaso. El directivo de una empresa es eficaz en la medida en que es capaz de controlar los diferentes procedimientos de la organización que encabeza, pero siempre hay imprevistos. El estudiante perfeccionista organiza su horario de tal forma que puede entregar a tiempo sus trabajos y estudiar para todas las materias, pero aun así se angustia ante la posibilidad de un nueve. En efecto, muchas personas exitosas son organizadas, se fijan metas y las consiguen. Pero a menudo no se permiten descansar ni siquiera cuando han alcanzado sus objetivos. Cierto que es posible controlar la situación algunas veces. Podemos poner atención en las clases, llevar apuntes impecables, hacer siempre las tareas y estudiar exhaustivamente para los exámenes. Podemos prepararnos cuidadosamente para el ejercicio de una profesión u oficio de manera que nuestro trabajo sea casi perfecto, pero aun así habrá errores, eventos fuera de nuestro control. A pesar de que tratemos de organizar todas nuestras actividades, siempre habrá momentos en los que surjan imprevistos y las cosas se salgan de control. Las personas a quienes les gusta planearlo todo, tienen dificultades para aceptar que las cosas no siempre son como ellas quieren o como habían planeado.

Hay tiempos de trabajar intensamente y de empeñarse en conseguir metas, así como hay tiempo para olvidarse de todo, para pensar en otra cosa o simplemente estar sin nada que hacer, sin ningún propósito.

Dice Luciano Rispoli[3] que soltar significa permitirse un reposo que no sea el del sueño. Es como un paréntesis en la actividad en el que uno se permite el placer de no hacer nada, de dejar que los pensamientos vayan y vengan, de suspirar, cambiar de postura y relajarse.

Una variante es *estar*. Si soltar implica hacer una pausa en la actividad, *estar* implica permanecer un rato sin hacer nada y sin que eso genere culpa o ansiedad. Muchas personas adictas al trabajo no se pueden permitir simplemente estar un rato sin ninguna actividad que a ellas les parezca útil, de manera que aun en sus días de descanso componen cosas en su hogar, estudian, etcétera. Como vimos en el apartado anterior, muchas veces hacer algo diferente de nuestro trabajo cotidiano ayuda a disminuir el estrés o, incluso, a experimentar ese estrés positivo que pone en juego nuestras mejores aptitudes, nos lleva a hacer nuestro mejor esfuerzo y da sentido a nuestras vidas. Pero hay que tener cuidado con la actividad que uno elige y saber que, en ocasiones, es necesario *estar* solamente, sin nada que hacer y nada que pensar, simplemente dejando que nuestros pensamientos vayan y vengan.

Estar implica una atención difusa, una mirada que no se concentra en algo en particular y una postura relajada con movimientos suaves. Esto no se parece en nada a los movimientos frenéticos de quien se enfrasca en videojuegos, pasa una hora cambiando de canal con el control remoto o frecuenta largas reuniones en las que los comensales están aburridos o alcoholizados pero insisten en desvelarse.

La mayoría de las fallas en la de autorregulación aumentan durante el curso del día, haciéndose más probables y frecuentes conforme mayor es el cansancio. El descanso y las experiencias emocionales positivas restablecen la energía y la capacidad de autorregularnos.

La meditación

A lo largo de este libro hemos visto que el estrés tiene tanto aspectos físicos como mentales y que, de hecho, es imposible separar unos de otros pues forman parte de una misma realidad. También hemos aprendido que nuestros pensamientos y diálogos internos contribuyen, en gran medida, a mantener el estrés crónico. Estos pensamientos surgen de modo automático, no del todo consciente, invadiendo nuestra mente un virus de computadora que hace aparecer un mensaje negativo en la pantalla. La meditación puede ser vista como un entrenamiento de la mente que sirve para cambiar los pensamientos y creencias que nos producen sufrimiento innecesario.

Para muchos de nosotros, meditar tiene que ver con religiones orientales, túnicas y comida vegetariana. La realidad es que no se necesita viajar a la India o a Nepal, raparse la cabeza y dejar de comer carne para gozar de los beneficios de la meditación. Tampoco hay que pasar una semana en silencio, mirando hacia una pared o recitando una frase en sánscrito.

La investigación ha demostrado que los meditadores avanzados pueden controlar su cuerpo y su mente de tal forma que son prácticamente inmunes al estrés negativo, pero de eso no debemos concluir que sólo gozaremos de los efectos benéficos de la meditación después de años de práctica. Para reducir el estrés, no tenemos que desarrollar poderes mentales extraordinarios o alcanzar la iluminación instantánea, ni cambiar de religión o de estilo de vida o realizar prácticas que impliquen grandes sacrificios y privaciones. Muchas formas de meditación fueron desarrolladas para gente de otras culturas, en otras épocas, y aunque algunos occidentales pueden dedicarse a ellas con disciplina y cambiar radicalmente, para la mayoría de nosotros resultarían demasiado exigentes y ajenas a la vida cotidiana, de modo que acabaríamos por abandonarlas.

Si conseguimos meditar unos minutos, al menos durante ese tiempo disminuirá el estrés. En cuanto a efectos más duraderos, al igual que en el caso del ejercicio, unas cuantas semanas bastan para que la mayoría de las personas se sienta mejor.

De lo que se trata es de limpiar la mente de impurezas, es decir, de aquellos pensamientos automáticos e involuntarios, no del todo conscientes, que nos producen tensión, ansiedad y depresión.

Yo mismo intenté la práctica del zen sin mucho éxito. Como muchos occidentales, no podía siquiera permanecer sentado con las piernas cruzadas, así que constantemente venía a mi mente la incomodidad y el dolor y me costaba mucho prestar atención a mi respiración. Muchos años después, durante mi formación como psicoterapeuta en el método Hakomi, aprendí que todos podemos disfrutar los beneficios de la meditación dedicándole unos minutos cada día y sin cambiar nuestro estilo de vida. Uno de los principios básicos de ese método es la atención plena, conciencia plena o atención pura (*mindfulness*), sin duda una de las formas más prácticas y sencillas de empezar a utilizar la meditación para manejar el estrés.

La atención pura es un estado de conciencia en el que uno vuelve la atención hacia su propio interior, hacia lo que está sucediendo en la mente a cada momento, sin tratar de interferir ni controlar lo que aparezca. Se trata sólo de observar sin juzgar ni evaluar. En otras palabras, hay que cambiar la forma de poner atención: en lugar de buscar algo, hay que dejar venir lo que sea que ocupe nuestra conciencia.

En un estado de conciencia plena, el modo en que uno observa los contenidos de la mente se parece a la forma de mirar las olas a la orilla del mar. Normalmente uno no critica o juzga las olas. La mayoría de las personas no dice, por ejemplo, "esa ola es más fea que aquélla o ésta ya se tardó mucho". Sólo las observa plácidamente. De esta forma hay que observar lo que pasa en la mente, como uno mira las olas del mar.

La atención pura implica poner atención al constante flujo de los contenidos de la conciencia, conteniendo los impulsos de hacer cualquier otra cosa. Se trata de darse cuenta sin dejar que surja una cadena de pensamientos y asociaciones automáticas, de tomar nota de lo que pasa por la mente sin reaccionar. La intención es relajar el control y tomar distancia de los procesos mentales para observar a nuestra mente haciendo lo que hace habitualmente.

La conciencia plena es el estudio de uno mismo. De esta manera uno puede controlar su mente y reducir así los pensamientos, recuerdos y sentimientos dolorosos que tienden a emerger espontáneamente, causando estrés negativo y dolor innecesario.

Para alcanzar un estado de conciencia plena, Ron Kurtz[4] recomienda:

> Ponte cómodo, relaja tu cuerpo, respira profundamente, olvídate de las preocupaciones externas y acalla tu mente. Entonces, vuélvete hacia adentro, hacia la experiencia interior, simplemente dándote cuenta y permiso, dejando que las experiencias vayan y vengan, sin hacerte cargo. Una forma es contar tu respiración, hasta cinco cada vez, siempre contando al exhalar y regresando al uno si pierdes la cuenta en algún momento.

La sensación de hallarse en atención plena puede variar mucho. Según Kurtz, puede ser de mucha calma, casi aburrida, o llena de sorpresas. Incluso el control puede dar un poco de miedo. Con la práctica, se convierte en una maravillosa sensación de claridad y placer tranquilo. Generalmente, estar en ese tiempo y lugar sin nada que hacer más que estar ahí, con lo que sea, es refrescante y proporciona arraigo.

Realizar nuestras actividades de otra manera

Luciano Rispoli ha encontrado que diferentes funciones del cuerpo y la mente se alteran con el estrés, dando lugar a comportamientos estereotipados, pensamientos rígidos, recuerdos limitados, respiración corta y músculos crónicamente tensos. Una buena manera de cortar el círculo vicioso del estrés crónico, por lo tanto, consiste en movilizar las diferentes funciones. Como vimos anteriormente, esto puede implicar hacer otra cosa, cualquier cosa que nos resulte relajante o nos ofrezca una sensación de plenitud. Pero también quiere decir que podemos hacer nuestras actividades de otra manera. Por ejemplo, sólo por experimentar, podríamos fijarnos en la velocidad con que caminamos por la calle y, por una vez, tratar de hacerlo más lentamente o más rápido durante unos minutos. O quizá podríamos tomar otro camino para ir al trabajo o a la escuela, o, al bañarnos, empezar el aseo por un parte diferente del cuerpo. Es posible introducir variaciones en cualquier actividad; por ejemplo, si al subir una escalera siempre empezamos con la pierna derecha, ¿qué tal hacerlo ahora con la izquierda?

Estos cambios pueden parecer insignificantes, pero tienen dos ventajas:

1. Realizar nuestras actividades de una manera diferente nos vuelve conscientes de lo que hacemos en el aquí y

ahora y nos impide, por un momento, traer a nuestra mente esos pensamientos y recuerdos gastados que forman parte del ciclo del estrés crónico.

2. También ayuda a movilizar las funciones y romper hábitos, y nos da mayor flexibilidad mental y corporal.

Educación somática

Hacer las cosas de otra manera implica, en última instancia, vivir de un modo más relajado. En diferentes situaciones, por ejemplo en el trabajo, el transporte o en la casa, sentados, caminando o acostados, podemos preguntarnos, por ejemplo: ¿Cómo puedo hacer esto de una manera más relajada? ¿Cómo puedo moverme de modo más libre, con menos esfuerzo innecesario, con menos desgaste?

Ahora mismo, mientras lees estas líneas, pregúntate: ¿Cómo puedo sentarme más cómodamente? ¿Puedo seguir leyendo y al mismo tiempo relajarme un poco? Tal vez quiera hacer un pequeño ajuste en mi postura, por ejemplo, a la forma en que mi cuerpo se apoya en donde sea que se encuentre. Quizá me dé cuenta de que retengo un poco la respiración y quiera hacerla más profunda o más pausada.

Si en verdad queremos vivir de un modo más relajado, hay una serie de disciplinas, como el método Feldenkrais, la eutonía, el método Alexander, la antigimnasia y el método Trager, cuyo objetivo es aprender a ser conscientes del cuerpo en movimiento. En conjunto forman el campo de la *edu-*

cación somática.[5] La práctica de cualquiera de esos métodos nos puede ayudar a realizar nuestras actividades cotidianas de maneras más libre, eficiente, consciente y relajada. Tomar clases del método Feldenkrais, de Trager o de antigimnasia suele resultar muy relajante, pero con la práctica, lo aprendido hace que logremos vivir mejor. Como apunta Yvan Joly (2005, p. 6): "Nuestra postura, respiración, tono muscular, incomodidad visceral, sensaciones al movernos, todo determina la calidad de la experiencia y el bienestar a través de la vida".

Aunque existen libros que se ocupan de diferentes métodos de educación somática, no creo que alguno sustituya las lecciones de un experto. Puedo afirmar por experiencia que practicar esas disciplinas bajo la guía de un profesional me ha hecho sentir y mover mi cuerpo de un modo totalmente nuevo, alcanzar estados de relajación que no había experimentado y ser más consciente.

Los métodos de educación somática se han desarrollado en Occidente, pero existen diferentes disciplinas en otras culturas con las que se pueden lograr objetivos similares, como el yoga, el tai chi, el chi kung y el kum nie.

La psicoterapia

Muchas personas siguen pensando que hay que estar loco para ir a psicoterapia. Sin embargo, la mayoría de quienes acuden a consulta no tiene problemas psiquiátricos serios. Se trata de individuos "normales" que quieren dejar de sufrir innecesariamente por los problemas que los aquejan o bien con el deseo de conocerse a sí mismos y desarrollar sus potencialidades.

También hay quienes piensan que cuando uno toma psicoterapia se acuesta en un diván para hablar de su infancia y de su vida sexual a un doctor barbudo que toma notas mientras fuma puro. En mi práctica profesional, como en la de muchos colegas, todavía aparecen personas que sienten que su primera tarea en el consultorio es recordar eventos traumáticos que les sucedieron hace muchos años, y si son de naturaleza sexual, mejor. Tales ideas provocan también que algunas personas a las que podría beneficiar un proceso terapéutico nunca acudan a psicoterapia. No consideran que sus problemas actuales se puedan resolver hablando de lo que pasó hace mucho tiempo y no sienten que su sexualidad sea un problema, o sencillamente no están preparados para hablar de ello. Probablemente esto se debe al amplio pero superficial conocimiento que se tiene de la vida y obra de Freud, sin duda uno de los hombres notables del siglo XX.

En realidad un psicoterapeuta está capacitado para atender todo tipo de problemas personales, no sólo los sexuales, y desde luego está dispuesto a escuchar lo que sucede en la vida actual de quienes acuden a su consulta. Para la mayoría de los terapeutas contemporáneos, hurgar en el pasado tiene sentido en tanto se le puedan dar lecturas diferentes a la historia de la persona o se pueda encontrar aquello que le faltó para remediarlo en el presente.

La excesiva duración de algunos tratamientos también detiene a muchas personas. Pero en la actualidad hay algunos tratamientos breves cuya meta es la solución de problemas concretos (por ejemplo, el miedo a hablar en público) y terminan una vez logrado su objetivo. En ocasiones ni siquiera es necesario que la persona conozca la raíz de su problema. Otros procesos terapéuticos de mayor duración plantean objetivos más amplios y ambiciosos, como el desarrollo armónico de todas las funciones del ser humano.

Ya sea que se trate de un tratamiento breve para solucionar un problema concreto o de un proceso terapéutico cuyo fin sea el crecimiento personal y la ampliación de la conciencia, la psicoterapia puede ayudar a aliviar el sufrimiento innecesario solucionando conflictos y ayudándonos a superar nuestras carencias.

Es importante saber que el psicoterapeuta es un profesional diferente del psicólogo clínico y el psiquiatra. El psicoterapeuta, después de estudiar una licenciatura, debe formarse en una escuela durante tres o cuatro años, tomando cursos teóricos y prácticos, y posteriormente trabajar con pacientes bajo supervisión. Una parte indispensable del proceso de formación es su propio proceso terapéutico. De ese modo el futuro psicoterapeuta, o el que ya está ejerciendo la profesión, trabaja con sus propias carencias y conflictos con el fin de que no afecten a los demás.

Por su parte, el psiquiatra es un médico que trata los problemas emocionales con fármacos. Así como el psicoterapeuta, cuando no es también médico, no está facultado para recetar fármacos, el psiquiatra, si no ha recibido entrenamiento como psicoterapeuta, no está capacitado para hacer psicoterapia. La psicología tiene áreas de concentración en diferentes áreas de aplicación, como clínica, laboral, experimental, social o educativa. Pero haber concluido una licenciatura en psicología con área clínica tampoco quiere decir que el egresado está capacitado para trabajar como psicoterapeuta.

La preparación es un requisito necesario, pero no suficiente. Puede ocurrir que conozcas a alguien que ostenta todo tipo de títulos y diplomas, pero que no te inspire confianza. Es importante elegir a alguien con quien te sientas bien. Tal vez te recomendaron a dos o más terapeutas y quieras una sesión con ellos, sin compromiso, para ver cómo te sientes con cada uno y tomar entonces una decisión.

Las relaciones nutritivas

Por experiencia, todos sabemos que hay personas que nos ponen los nervios de punta mientras que otras nos hacen sentir bien. De hecho, podemos ir más allá y afirmar que hay relaciones nutritivas, que nos hacen crecer y dar lo mejor de nosotros mismos, y también hay relaciones tóxicas, que parecen robarnos energía y enfermarnos. En realidad, estamos programados por millones de años de evolución para sentirnos bien en presencia de alguien que nos aprecia y se halla dispuesto a cuidarnos desde los primeros días de nuestra vida.

Hace más de 50 años, John Bowlby, por encargo de la Organización Mundial de la Salud, escribió un informe sobre la salud mental de los niños sin hogar. Concluyó que es "esencial para la salud mental que el bebé y el niño pequeño tengan la vivencia de una relación cálida, íntima y continuada con la madre o un sustituto materno permanente, en la que ambos hallen satisfacción y goce".[6]

Posteriormente, Bowlby siguió estudiando el modo en que los niños y niñas pequeños se relacionan con sus madres. Tales investigaciones constituyeron el fundamento de la teoría del apego. El apego es un tipo especial de vínculo en el que un pequeño se relaciona con la persona que lo cuida (generalmente su madre). Este vínculo hace que el pequeño busque mantener proximidad con ella, se altere cuando se separan, la tome como una base segura desde la cual explorar el mundo y encuentre en ella un refugio en momentos de dolor o ansiedad.

El niño se hace seguro si la persona que lo cuida percibe adecuadamente sus estados de ánimo y responde a sus necesidades y estados mentales, de modo que atenúe su sufrimiento y aumente su gozo.[7] Como el apego es "un sistema innato en el cerebro que evoluciona de tal modo que influye y organiza los procesos de memoria, motivación y emoción respecto a las personas significativas",[8] ese niño crecerá con la creencia de que merece y puede lograr cariño y atención y que las personas cercanas son confiables. Diferentes investigaciones han encontrado que los niños que crearon un vínculo seguro con sus madres obtuvieron una "inteligencia emocional" que les ayuda a relacionarse de maneras más flexibles, eficientes y positivos con los demás. Los vínculos de apego se establecen en el primer año de la vida, pero no sólo aparecen entre los niños y los adultos que se hacen cargo de ellos.

El apego es una característica normal y saludable en las diferentes etapas de la vida, y de ninguna manera una señal de inmadurez que debe superarse. Las investigaciones recientes de la teoría del apego dan cuenta de cómo los adultos que tienen una relación estable encuentran seguridad y refugio en su pareja, buscan mantener cercanía con ella y la extrañan cuando hay separaciones. No se trata aquí necesariamente de una dependencia enfermiza, sino de una interdependencia tanto psicológica como fisiológica, que contribuye a la salud física y emocional.

Muchos científicos piensan que en los mamíferos sociales hay concordancia somática, ya que la estabilidad neurofisiológica depende de la interacción con sus figuras de apego. En otras palabras, la estabilidad mental y física depende de mantener una relación con alguien que nos sirva como un regulador, ya que el sistema nervioso se halla siempre abierto a la influencia recíproca de otro sistema nervioso.[9]

Ciertas investigaciones demuestran que la terminación de una relación estable provoca que las personas sean más susceptibles a las enfermedades, debido a que el sistema inmunológico se vuelve menos eficiente. También hay mayor probabilidad de accidentes, abuso de sustancias y suicidio.

La conducta de apego fue indispensable para la supervivencia en el pasado evolutivo del hombre y otras especies, particularmente entre los primates, pues una cría que se dejaba sola podía sufrir un accidente o ser víctima de un depredador. En la actualidad sabemos que el apego seguro contribuye al bienestar de las personas desde su nacimiento hasta la vejez.

Como dice Bowlby, en situaciones de tensión todos necesitamos una base segura, sin la cual nos resulta difícil relajarnos. En términos de estrés, cuando estamos en compañía de alguien que nos sabe escuchar, que intenta comprendernos sin juicios, a quien le alegra nuestro bienestar y hace lo posible por aminorar nuestro sufrimiento, nos sentimos relajados y llenos de energía, como si esa persona cargara nuestra batería. Con el tiempo, los recuerdos de la relación quedan inscritos en nuestra mente de tal modo que podemos recurrir a ellos en cualquier momento, como un niño pequeño encuentra una base segura en su madre y las otras personas que lo cuidan.

Trata de pensar en alguien que te haga sentir bien, que te produzca alegría y una sensación de seguridad. Recuerda, con el mayor detalle posible, el lugar en que sueles encontrarte con esa persona. Imagina que viene hacia ti. Recuerda cómo se oye su voz cuando te saluda. Visualiza su cara y, especialmente, sus ojos. Imagina que te sonríe y que tú le regresas la sonrisa. Los dos se sienten bien de estar juntos. ¿Puedes sentir cómo estar cerca de esa persona te relaja y llena de energía?

Las relaciones sexuales plenas

Un tipo particular de relación nutritiva es aquella en la que se dan relaciones sexuales plenas. Con esto quiero decir mucho más que relaciones satisfactorias. Una relación sexual plena, tal como la describió Wilhelm Reich en su libro *La función del orgasmo*, es aquella en la que hay una entrega total a la otra persona, sin culpas ni pensamientos o fantasías extrañas antes, después o durante el acto. Esto quiere decir que cuando se tienen relaciones sexuales plenas con otra persona, todos los sentidos están enfocados en esa relación y en la experiencia del cuerpo y la mente en el tiempo presente, sin preocupaciones por estar haciendo un buen papel, y sin pensamientos ajenos al aquí y ahora de esa unión.

Según Reich, las personas capaces de tener relaciones sexuales plenas –que para él tenían potencia orgásmica– descargaban toda la energía sobrante en el acto sexual, y por lo tanto no la usaban en mantener su neurosis. En palabras más sencillas, espero que mis lectores y lectoras recuerden lo bien que se han sentido después de un orgasmo en el que se entregaron totalmente y se sintieron intensamente unidos a su compañero o compañera. Sin duda, se trata de una de las experiencias más satisfactorias de la vida y uno de los mejores antídotos contra el estrés.

Conclusiones: el estrés en nuestras vidas

1. El estrés es parte de la vida

Como vimos en el capítulo 1, ya Selye afirmó que nadie puede vivir sin experimentar cierto grado de estrés todo el tiempo. Así pues, la primera recomendación es reconocer y aceptar que así es.

De hecho, vivir sin estrés sería como vivir sin excitación, sin retos y sin sentido. Pero vivir con demasiado estrés significa desgaste, enfermedades que podrían evitarse, sufrimiento innecesario y, posiblemente, una muerte prematura. Se trata entonces de que cada uno encuentre el equilibrio entre:

a. Actividades en las que pueda poner en juego sus habilidades y hacer su mejor esfuerzo, que le hagan experimentar una sensación de plenitud. Selye le llamó estrés positivo y Csikszentmihalyi, estados de flujo.
b. Momentos de no hacer nada en especial, es decir, de soltar todo y simplemente estar.

c. Actividades que es necesario realizar, independientemente de que nos gusten o no. En esos casos se trata de minimizar los efectos negativos de la situación.

2. La influencia de los eventos estresantes varía mucho de persona en persona

Como vimos a lo largo del libro, un mismo suceso o actividad puede resultar estresante para una persona, neutro para alguna más y hacer que otra se sienta plena. No hay que juzgarnos por esto. Lo importante es estudiarnos para llegar a conocer lo que nos afecta día a día e incluso minuto a minuto. Tal vez no sea posible modificar muchos de los eventos que nos producen estrés, pero sí nuestra respuesta ante ellos.

3. No podemos evitar el estrés negativo en muchos momentos de la vida

Por más que nos esforcemos, no es posible escapar de la mayoría de los eventos que producen estrés. Todos estamos expuestos a estresores moderados como resultado de la relación con los demás, el trabajo, la vida en las grandes ciudades. También, tarde o temprano, todos sufrimos pérdidas, envejecemos, enfermamos y padecemos la muerte de algún ser querido. Pero la manera de afrontar los pequeños y grandes conflictos de la vida puede hacer que, aun en momentos de gran dolor, no haya sufrimiento innecesario. Esto quiere decir que el dolor de la pérdida o el conflicto no se vea aumentado por el efecto de creencias negativas, falsas expectativas o hábitos basados en experiencias del pasado que ya no son operantes en el presente.

4. Viviremos mejor si rompemos el círculo del estrés crónico

Muchas personas viven en un estado de estrés crónico. Sin que haya una causa externa, o con el mínimo pretexto, se preocupan y se tensan. En esos casos, son ellas mismas las que se mantienen en un estado de constante preocupación y malestar. Viven prisioneras de un círculo vicioso de pensamientos negativos, músculos tensos, respiración agitada o superficial y sus emociones entran en conflicto con sus creencias. En esos casos es necesario trabajar con todas las funciones alteradas. Un buen principio reside en la respiración. Hacer las cosas de una manera distinta y ser capaces de hacer una pausa para soltar las actividades cotidianas y simplemente estar ayuda mucho.

5. No se puede terminar con el estrés crónico de la noche a la mañana

El estrés crónico se mantiene gracias a la interacción de mecanismos físicos y mentales que no suelen ser conscientes. Esto provoca que sean particularmente difíciles de cambiar de un día para otro. Muchas personas se decepcionan cuando los cambios que imaginaron no suceden de inmediato. En realidad, la única forma de empezar a cambiar es a través del trabajo disciplinado y consciente durante al menos cuatro semanas. De esta manera damos tiempo para que los nuevos hábitos de pensamiento, postura y respiración se establezcan en nuestro sistema nervioso. Es necesario volvernos sensibles a los pequeños cambios en la tensión o la sensación de bienestar, que nos indican si vamos en la dirección correcta o debemos rectificar. Cualquier disminución en el estado de estrés crónico, por pequeña que sea, resulta significativa porque nos indica que vamos en el camino correcto.

6. La mejor forma de combatir el estrés crónico es construyendo espacios de paz

El Dalai Lama aconseja construir espacios de paz en nuestras casas y, más importante, en nuestras mentes y nuestros corazones. Así como debemos estudiar aquello que nos hace sentir estresados innecesariamente, también debemos dedicarnos a conocer mejor aquellas actividades, lugares y personas que hacen que crezca el bienestar y la paz en nuestros corazones. En mi experiencia, aun las personas más estresadas y ansiosas pueden recordar varios lugares, actividades y personas que les hacen sentir bien, pero por algún motivo han dejado de ir a esos sitios, de hacer lo que les hace sentir bien y de frecuentar a quienes les producen bienestar y tranquilidad. Eso no es justo. Manejar el estrés no sólo es cuestión de disminuir o evitar el malestar sino de cultivar la plenitud.

Bibliografía

1. Aprendí esta pregunta de del doctor John Pierrakos, discípulo de Wilhelm Reich y creador de la *core energética.*
2. Christine Caldwell aborda el tema en *Habitar el cuerpo*, Ediciones Urano, Barcelona, 1999.
3. Rispoli habla de soltar, estar y otras experiencias básicas en *Esperienze di base e sviluppo del sé*, Franco Angeli, Milán, 2004.
4. La recomendación apareció en Ron Kurtz, *Readings 2004*, en www.ronkurtz.com (material consultado en octubre de 2004).

5. Incluí este apartado después de leer de Ivan Joly y Alicia Grasso, "Educación somática: Avances del estudio cualitativo del tema", compilado e integrado por Rose Eisenberg. El trabajo fue presentado en el VIII Congreso Nacional de Investigación Educativa realizado por el Consejo Mexicano de Investigación Educativa A. C., en Hermosillo, Sonora, del 30 de octubre al 2 de noviembre de 2005. Formará parte de un libro, en proceso de edición, a cargo de la doctora Eisenberg.
6. Sobre esta y otras investigaciones de Bowlby ver *El apego*, Paidós, Barcelona, 1969/1988.
7. En *Una base segura* (Paidós, Barcelona, 1989) Bowlby hace una excelente exposición del tema, accesible a todo público.
8. En Daniel Siegel, *The Developing Mind*, Guilford Press, 1999.
9. Los doctores Thomas Lewis, Fari Amini y Richard Lannon describen cómo los mamíferos, y especialmente el hombre, están programado por millones de años de evolución a relacionarse afectivamente con sus semejantes; vea su libro *A General Theory of Love*, Vintage Press, Nueva York, 2000. Hay una versión en español: *Una Teoría General del Amor*, RBA Ediciones, Barcelona.

Acerca del autor

Fernando Ortiz Lachica estudió licenciatura y maestría en psicología en la Universidad Iberoamericana. Es profesor de la licenciatura en psicología social de la Universidad Autónoma Metropolitana, unidad Iztapalapa. Se ha especializado en diferentes métodos de psicoterapia corporal. En los últimos años se ha formado en psicoterapia funcional, creada en Italia por Luciano Rispoli, y en el método Hakomi, de Ron Kurtz.

Desde 1986 ha formado psicoterapeutas impartiendo cursos en diferentes ciudades de México y el extranjero, así como dirigiendo programas de especialización. A partir de 1989, ha aplicado los principios de la psicoterapia corporal a la consultoría en manejo de estrés.

Es autor de *La relación cuerpo-mente. Pasado, presente y futuro de la terapia psicocorporal* (Editorial Pax México, México, 1999/2005), y de más de 70 artículos especializados y de divulgación. Colaboró en el noticiero CNI Noticias de la mañana, en la sección "En la mente de..." en 2003, y en Imagen informativa (noviembre de 2004, mayo de 2005), tercera emisión, dirigidos por Jorge Fernández Menéndez, con cápsulas sobre psicología del poder. Es miembro del Comité Científico Internacional de Psicoterapia Corporal.

Contacto: fernandoortizl@yahoo.com

Esta obra se terminó de imprimir
en septiembre de 2017, en los Talleres de

IREMA, S.A. de C.V.
Oculistas No. 43, Col. Sifón
09400, Iztapalapa, D.F.